IOTHÈQUE DES FAMILLES ET DES PAROISSES
Série in-18

L'ART DE JOUER

LES

CHARADES EN ACTION

PAR Mlle MARIE CURO

(DE SAINT-BRIEUC)

Auteur des ÉTUDES MORALES et du VIEUX SOLDAT

Ire PARTIE
Charades en action entièrement préparées.

IIe PARTIE
Charades dont le canevas est seulement dessiné.

IIIe PARTIE
Le mot est une simple indication.

PARIS

V. POULLET, LIBRAIRE-ÉDITEUR,

7, rue du Cherche Midi.

1860

BIBLIOTHÈQUE DES FAMILLES ET DES PAROISSES

SÉRIE IN-18,

L'ART DE JOUER

LES

CHARADES EN ACTION

PAR

Mlle **MARIE CURO** (de Saint-Brieuc)

auteur des Études morales et du Vieux Soldat.

Ire PARTIE

Charades en action entièrement préparées.

IIe PARTIE

Charades dont le canevas est seulement dessiné.

IIIe PARTIE

Le mot est une simple indication.

PARIS

VICTOR POULLET, LIBRAIRE-ÉDITEUR,

7, rue du Cherche-Midi.

—

1860

AVERTISSEMENT.

L'ouvrage que je publie n'existe pas, et en le publiant, je crois rendre un grand service aux pensions et aux familles.

Le jeu des charades *improvisées* est un puissant moyen d'éducation ; il forme le maintien, donne l'habitude de s'exprimer avec facilité et d'agir avec grâce ; mais ce jeu doit être enseigné. Les enfants prennent le bas, le trivial pour le simple, l'ignoble pour le comique. Les phrases leur semblent de l'éloquence, l'enflure de la noblesse. Il faut donc former leur goût, les guider ; car c'est surtout dans les jeux que les enfants montrent leurs caractères.

Je commence mon livre par des charades prêtes à jouer, c'est la première partie ; la seconde se compose de charades à moitié arrangées : l'acteur doit ajouter, retrancher ; la troisième partie est formée de canevas de charades.

Si les mères, si les institutrices savent se servir de mon livre, il facilitera leur honorable tâche, et mon travail sera récompensé.

QU'EST-CE QU'UNE CHARADE?

C'est un mot. Donc chaque syllabe a un sens, et pour ce sens on ne consulte pas l'orthographe, mais seulement l'oreille. Ballet se décompose ainsi : *bal* et *laid*, ou *lait*.

Habituellement on ne chosit que des mots qu'on divise en deux : il faut que ces mots soient des noms ou des adjectifs.

On joue d'abord le premier mot, puis le second mot, enfin le mot tout entier, et, par abréviation, on dit, mon premier, mon second, mon entier ou mon tout.

Quand une société est nombreuse, elle se partage en deux parties ; une partie devine la charade, que l'autre partie joue.

On égalise les forces des parties, pour qu'une partie n'ait pas tous les bons acteurs et l'autre tous les médiocres.

DES COSTUMES.

La grande erreur des enfants, et quelquefois celle des parents, c'est d'attacher le plaisir, le comique seulement au costume.

L'arbre n'est point jugé sur ses fleurs ou son fruit; on le juge sur son écorce.

Il faudrait au contraire essayer de faire comprendre aux enfants que Paillasse a beau avoir un plaisant costume, s'il ne dit rien de comique il ne fait rire qu'un instant.

Tout est bon pour le costume de charade. De vieux bonnets, des fleurs passées, des chapeaux de l'autre monde, tout cela est excellent.

Une couronne de papier doré distingue un roi, une fée a une baguette à la main, une vieille femme se coiffe d'un bonnet ou d'un chapeau démodé.

Une femme représente un homme en se coiffant avec un chapeau d'homme. Un homme avec un châle est une femme.

Ensuite il est facile, dans presque toutes les scènes, de substituer un homme à une femme et une femme à un homme.

DU CHOIX DES SCÈNES.

Ne tombez pas dans l'erreur commune, qui fait croire que les farces seules amusent les jeunes gens : cela n'arrive que quand l'éducation a perverti le goût. Les scènes qui font naître de bons sentiments, ou celles qui corrigent un défaut, sont celles qu'il faut leur apprendre à préférer.

Les scènes que je publie sont variées; j'ai écrit deux fois la charade *Ballet* et *Balai*, pour montrer aux enfants que le même mot ayant des significations différentes fournit des scènes diverses.

Cet ouvrage est fait surtout pour enseigner à improviser des charades. C'est le but de ce livre, et si je réussis j'aurai rendu un véritable service à la jeunesse.

La première charade *Balai* est écrite pour des enfants; la seconde, *Ballet*, pour des jeunes personnes.

Je ferai remarquer que les deux premières scènes de ces charades peuvent indifféremment servir pour les deux charades: le tout seul diffère.

Ainsi, que je joue *laid* ou *lait*, la charade est aussi bien rendue avec une scène qu'avec l'autre, puisque l'orthographe n'est jamais consultée, mais seulement l'oreille.

BALLET

CHARADE EN TROIS ACTES.

———

**Le premier : BAL. — Le second : LAID.
Le tout : BALLET.**

BAL.

La scène se passe à Paris dans le salon de
M. Dervieux.

PERSONNAGES :

M. DERVIEUX.
MARIE, }
LUCIE, } ses filles.
ADÈLE, }
UN OUVRIER FLEURISTE.
SA FEMME.
DEUX ENFANTS.
UN HUISSIER, DEUX SERGENTS.

SCÈNE PREMIÈRE.

MARIE, ADÈLE, LUCIE.

(Elles travaillent en causant.)

ADÈLE. Comme je me trouvais mesqui-
nement mise à la dernière soirée !

MARIE. Charmante réflexion : nous
avions toutes trois la même toilette.

ADÈLE. Ce qui ne modifie en rien ma manière de voir.

LUCIE. Ah! c'est poli.

ADÈLE. C'est juste. Prête-moi tes ciseaux.

MARIE. Ce morceau de tapisserie est éternel.

ADÈLE. Comme nos superbes robes de mousseline.

SCÈNE II.

LES PRÉCÉDENTES, M. DERVIEUX.

M. DERVIEUX. Mesdemoiselles, je vous apporte du plaisir.

Elles se lèvent toutes trois et disent ensemble : Qu'est-ce, papa?

M. DERVIEUX. Devinez!

MARIE. Vous venez de louer une voiture pour nous conduire à la promenade...

M. DERVIEUX. Ce n'est pas cela.

LUCIE. Oh! j'ai deviné : ma cousine Julie vient passer quelques jours à la maison...

M. DERVIEUX. Pas du tout.

ADÈLE. Je sais, moi : ma tante nous invite à passer quelque temps chez elle.

M. DERVIEUX. La tante n'est pour rien dans tout ceci.

MARIE. Qu'est-ce donc?

M. DERVIEUX. Voyez ce papier.

LUCIE. Ah!... mais c'est une invitation.

ADÈLE. Une invitation à quoi?... de qui?... pour où?... dites donc, petit papa?...

M. DERVIEUX. Mademoiselle Eugénie Dervieux se marie samedi; elle donne un bal et vous invite à sa soirée; et, comme je veux que vous soyez parées à ce bal, je donne cent francs à chacune de vous pour acheter de nouvelles toilettes.

TOUTES. Je vous remercie, papa.

ADÈLE. Vous nous laissez le droit de choisir nos toilettes?

M. DERVIEUX. Entièrement libres.

ADÈLE. Ah! quel plaisir!

M. DERVIEUX. Est-ce le bal, la toilette ou le droit de choisir qui t'enchante?

ADÈLE. C'est tout cela.

MARIE. Je crois bien : une seule des choses m'enchanterait.

LUCIE. Et tous ces biens à la fois!

M. DERVIEUX. C'est peut-être trop.

ADÈLE. Oh! que non : abondance de biens ne nuit pas.

M. DERVIEUX. Alors, je vous laisse toute votre joie. *(Il sort.)*

SCÈNE III.

LES TROIS DEMOISELLES DERVIEUX.

MARIE. Eh bien! Adèle, te voilà satisfaite : tu vas abandonner ta robe de mousseline.

LUCIE. On dirait, à entendre mademoiselle Marie, qu'elle ne tient pas à la toilette.

MARIE. Je ne dis pas cela ; seulement je n'y attache qu'une médiocre importance.

ADÈLE. Tu t'amuserais peut-être autant avec ta robe de mousseline.

MARIE. Certainement; mais ma vanité serait moins satisfaite.

LUCIE. Je dirais amour-propre.

MARIE. Tu te ménages.

ADÈLE. Pensons à nos toilettes, cela vaudra mieux.

MARIE. Eh bien! quelles robes achèterons-nous?

ADÈLE. Des robes de tulle à deux jupons, relevés sur le côté avec des roses du Bengale.

LUCIE. Ne faudrait-il pas préférer des robes de crêpe?

MARIE. J'aime mieux le tulle parce qu'il se blanchit; mais je voudrais des roses blanches.

ADÈLE. Tout blanc!... On a l'air d'une mariée ou d'une première-communiante.

LUCIE. C'est vrai;... et puis, c'est fade.

MARIE. Le rose est commun.

ADÈLE. Oui, le rose vif; mais le rose du Bengale, c'est doux et frais.

MARIE. Eh bien! va pour le rose; mais je veux une berthe à ma robe.

LUCIE. Je crois que je préfère les draperies.

ADÈLE. Fi donc!... les draperies, c'est vieux.

MARIE. Nous aurons de beaux rubans. C'est joli, les beaux rubans. Quand on pense que, de la vie, je n'ai eu de ces rubans larges et brillants qui finissent si bien une toilette !

LUCIE. Mais nous non plus ; et j'aime aussi les beaux rubans : c'est élégant et distingué.

ADÈLE. Quand c'est bien porté.

MARIE. Il faut bien faire nos petits calculs ; car, avec cent francs, ce qui est une grande somme pour nous, on ne va pas loin.

LUCIE. C'est cependant bien de l'argent.

SCÈNE IV.

LES PRÉCÉDENTES , UN OUVRIER , SA FEMME, DEUX ENFANTS, UN HUISSIER, DEUX SERGENTS.

L'OUVRIER. Pardon, mesdames... Ah ! cachez-moi !

L'HUISSIER. Il est entré ici.

LA FEMME. Non, non ; il s'est enfui...

LES DEMOISELLES DERVIEUX. Qu'est-ce que veut dire cela?

L'HUISSIER. Le voilà !... Suivez-nous ; marchez en prison.

LA FEMME. Ah! pitié!

ADÈLE. Mais expliquez-vous. Qui êtes-vous? Pourquoi veut-on mettre cet homme en prison?

L'OUVRIER. Je demeure au cinquième dans cette maison; je suis ouvrier fleuriste. J'ai été malade; j'ai fait des dettes. on veut me mettre en prison. Comment payerai-je si l'on m'enlève le moyen de payer?

L'HUISSIER. Je ne discute pas un ordre, je l'exécute. Marchez!

LES ENFANTS. Papa! papa!

LA FEMME. Ah! nous n'avons plus qu'à mourir!

MARIE. Mais quelle somme doit donc ce malheureux?

L'HUISSIER. Trois cents francs.

ADÈLE. Et l'on ne veut pas attendre?...

L'HUISSIER. Pas une heure.

LUCIE. Mes sœurs?...

MARIE. Je comprends.

ADÈLE. Et les rubans?

L'HUISSIER. Marchez!

LA FEMME. Allons mourir!

1.

L'HUISSIER, *aux sergents.* Emmenez cet homme !

LES DEUX ENFANTS. Papa ! papa !

ADÈLE. Restez !... Nous avons heureusement cette somme.

LE FLEURISTE. O ciel ! vous pourriez disposer de tant d'argent ?

MARIE. C'est une toilette de bal que nous vous sacrifions : c'est de bon cœur.

ADÈLE *donne à l'huissier les trois cents francs.* Voilà trois cents francs.

LE FLEURISTE, *sa femme, les enfants baisent les mains des demoiselles Dervieux.* O mes nobles bienfaitrices ! nous vous devons la vie.

LUCIE. Ah ! votre joie, votre bonheur nous récompensent au delà de nos mérites.

(*L'huissier et les sergents sortent.*)

SCÈNE V.

LES PRÉCÉDENTS, M. DERVIEUX.

M. DERVIEUX. Qu'est-ce donc que tout cela ?

MARIE. Oh! mon cher papa, pardon-nez-nous !

M. DERVIEUX. Qu'avez-vous fait?

ADÈLE. On saisissait cet homme, on l'enlevait à sa famille, on le mettait en prison pour une dette de trois cents francs. Vous veniez de nous donner cette somme pour une toilette de bal : nous avons donné notre toilette.

LUCIE ET MARIE. Avec bien du plaisir...

M. DERVIEUX. Et le bal?

TOUTES TROIS. Nous mettrons nos robes de mousseline.

LE FLEURISTE. Monsieur, je suis habile ouvrier, je vais faire trois coiffures char-mantes, trois bouquets superbes; et le bon Dieu répandra sur les charmantes figures de vos demoiselles le doux sou-venir de leur bonne action : elles seront les plus belles.

MARIE. Non; mais les plus heureuses.

M. DERVIEUX. Voilà, mes enfants, une belle toilette de bal; ne l'oubliez ja-mais.

LAID.

La scène représente un palais.

PERSONNAGES :

LE ROI FORTUNIO, père d'Elvina.
LA PRINCESSE ELVINA.
LE ROI FÉLICIEN.
UNE FEMME.
UN MARI.
UN DIRECTEUR DE PRISON.
LES PRISONNIERS.
UN MAIRE.
DES VILLAGEOIS.

SCÈNE PREMIÈRE.

FORTUNIO, ELVINA.

ELVINA. Je sais, mon père, que la raison d'État doit passer avant le bonheur d'une princesse ; mais épouser l'horrible Félicien, c'est en vérité trop terrible : il est si laid !

LE ROI. Ma fille, le roi Félicien est appelé le bon, le grand, le magnifique.

LA PRINCESSE. Il est petit, bossu et laid.

LE ROI. Il a défait les plus beaux rois du monde.

LA PRINCESSE. Sa voix fait trembler.

LE ROI. Mais il est bon et indulgent.

LA PRINCESSE. Il faudrait une extrême indulgence pour lui pardonner sa laideur.

LE ROI. Elvina, je vous croyais raisonnable.

ELVINA. Je le serais si j'étais aveugle !...

SCÈNE II.

LES PRÉCÉDENTS, FÉLICIEN.

FÉLICIEN. Je ne suis pas étonné, madame, de vous inspirer presque de l'effroi.

LA PRINCESSE. Ah ! sire, de l'effroi !

FORTUNIO. Croyez, sire...

FÉLICIEN. Je me rends justice ; mais je connais le cœur de madame, et c'est seulement à ce cœur que je m'adresse.

Daignez, princesse, prendre cet an-
neau. En le pressant, vous verrez paraître devant vous les gens que vous voudrez; ils ne s'apercevront pas de votre
présence. Ainsi vous pourrez apprécier
ma manière de régner. Vous jugerez
mon cœur, ma raison, mon esprit; et,
si alors vous me trouvez encore trop laid,
je me soumettrai à votre décision, non
sans regret, mais sans murmure. (*Il sort.*)

SCÈNE III.

FORTUNIO, ELVINA.

ELVINA. Tenterons-nous l'épreuve?

FORTUNIO. Certainement. Voyons, que
veux-tu voir? le ministère des finances
ou celui de la police?

ELVINA. Ni l'un ni l'autre : les ministres font de beaux projets, disent de
belles paroles. Je veux juger l'effet et
non les discours.

LE ROI. Eh bien! que veux-tu voir?

ELVINA. Le roi a signé ce matin devant moi une lettre, il l'a lue; sa figure

était sérieuse. Je voudrais voir l'effet de cette lettre.

FORTUNIO. Eh bien! voyons.

(*La princesse presse la bague. Elle et son père vont s'asseoir dans un coin du théâtre.*)

UNE FEMME *paraît. Elle tient une lettre à la main.* Une lettre du roi! Mes enfants, appelez votre père.

LES ENFANTS. Papa! papa!

LE PÈRE ET LES ENFANTS. Qu'y a-t-il?

LA FEMME, *à son mari.* Tiens, lis : c'est une lettre du roi.

LE MARI. (*Il décachète le pli.*) Écoutez : « Monsieur, la dernière guerre vous a ruiné : votre bâtiment a été pris par l'ennemi. La victoire m'assure des indemnités de guerre; je veux que ces sommes soient employées à indemniser mes sujets des dommages que la guerre leur a causés. Veuillez faire vos réclamations : vous recevrez la valeur intégrale des pertes que vous avez faites. » — Ah! le bon roi!

TOUS. Ah! le bon roi! Vive le roi!

(*Ils sortent.*)

LA PRINCESSE, *se levant*. C'est bien, cela; c'est de la justice.

FORTUNIO. De la justice, non, de la magnificence. C'est un mauvais exemple.

LA PRINCESSE. Je veux maintenant voir une prison. (*Elle se rassied.*)

SCÈNE IV.

LE DIRECTEUR, LES PRISONNIERS.

LE DIRECTEUR. Mes amis, écoutez ce que le roi fait écrire à tous les directeurs de maisons de correction : « Monsieur, rappelez-vous sans cesse le nom de votre maison ; *Correction.* C'est donc pour corriger qu'elles sont fondées. Répétez-le aux hommes que vous dirigez : qu'ils s'amendent. Signalez-moi ceux qui se distingueront par leur travail et le sentiment du devoir. Ces hommes recevront au bout d'un an de persévérance des instruments de travail, une cabane, un terrain, des graines; et si, pendant dix ans, ils payent exactement la rente de ce petit capital, tout leur appartiendra. »

LES PRISONNIERS. Vive le roi !... Ah ! le bon roi !   (*Ils sortent.*)

LA PRINCESSE, *se levant.* Ah ! que c'est bien !... Dans les prisons de Félicien pénètre l'espérance.

FORTUNIO. C'est s'occuper de bien des détails. Moi, je n'ai jamais pensé à tout cela.

ELVINA. Mais c'est beau d'y penser. Voyons, je veux voir un village.

(*Elvina et Fortunio se rasseyent. — Une ronde de villageois entre en dansant et en chantant.*)

> Dansons, chantons,
> Ce n'est qu'ici
> Que la vie est jolie.
> Chantons, dansons,
> Ce n'est qu'ici
> Qu'on nargue le souci.

(*Le maire paraît avec son écharpe.*)

LES VILLAGEOIS. Monsieur le maire !...
    (*La ronde s'arrête.*)

LE MAIRE. Mes amis une lettre du roi !...

LES VILLAGEOIS. Du roi !

LE MAIRE. Oui, du roi. J'avais écrit au roi, et voici sa réponse.

UN VILLAGEOIS. Avoir une réponse du roi, quel honneur !

LE MAIRE. Je vous représente, mes amis. Alors, vous sentez...

UN VILLAGEOIS. Et qu'avez-vous demandé pour nous ?

LE MAIRE. La réponse vous instruira de la demande. (*Il lit.*) « Monsieur le maire, vous m'apprenez que l'incendie qui a dévoré la ferme de Jacques l'a réduit à l'indigence, et les certificats joints à votre demande affirment son honorabilité. Vous me dites que la commune, en se désolant de son malheur, est trop pauvre pour venir à son secours. Monsieur le maire, faites rebâtir une ferme, achetez un troupeau, remettez Jacques dans la position où le feu l'a surpris; qu'il soit heureux, puisqu'il est honnête ! » — Vive le roi !

TOUT LE VILLAGE. Vive le roi ! Ah ! le bon roi ! Vive monsieur le maire !

(*Ils sortent en dansant.*)

LA PRINCESSE. Ah ! Félicien est bon,

généreux, bienfaisant. On ne peut être laid quand on a tant de vertus.

FÉLICIEN. (*Il n'est plus bossu ni laid.*) Ah! madame, que ne vous dois-je pas!

ELVINA. Seigneur, je ne vous connais pas.

FÉLICIEN. Je suis Félicien. Une méchante fée m'avait condamné à l'horrible figure que vous m'avez vue jusqu'au jour où une jeune princesse voulût bien m'aimer pour mes bonnes qualités. Je connaissais vos vertus, princesse, et j'eus l'audace de demander votre main.

ELVINA. Je vous l'eusse donnée avec plaisir, même si vous aviez conservé votre horrible figure.

FÉLICIEN. Je suis trop heureux.

(*Le peuple paraît.*) Vive le roi! vive la reine!

BALLET.

La scène représente un palais oriental.

PERSONNAGES :

LE SULTAN.
ELMIRE.
FÉLIME.
HUIT DANSEUSES.

SCÈNE PREMIÈRE.

LE SULTAN, FÉLIME.

LE SULTAN. Que c'est triste de s'ennuyer !... Ah !... ah !... (*Il bâille.*)

FÉLIME. Sa Grandeur a bonne grâce à bâiller.

LE SULTAN. C'est ton refrain éternel ; j'ai bonne grâce à tout ; cela m'ennuie.

FÉLIME. Je ne le dirai plus ; mais je ne puis me lasser d'admirer Sa Hautesse.

LE SULTAN. Vous êtes bien heureuse de ne pas vous lasser : moi, je suis las de tout.

AIR : *Au matin, quand le soleil...*

Je suis las de la grandeur;
Je cherche en vain le bonheur.
Je sens sous la couronne
Que le plaisir qu'elle donne
Est très-triste, très-sérieux
Et fort ennuyeux... Ah! ah!

FÉLIME. Que désirerait Sa Grandeur? La terre est à ses ordres.

LE SULTAN. Oui, la terre, et le ciel aussi! Et je ne puis arrêter une ondée de pluie!

FÉLIME. Ah! seigneur, si vous le désiriez vivement.

LE SULTAN. C'est absurde. Si je pouvais seulement ne pas m'ennuyer...

SCÈNE II.

LE SULTAN, FÉLIME, ELMIRE.

FÉLIME. Que voulez-vous, mon enfant?
ELMIRE. Des bayadères demandent

l'honneur de danser devant Sa Grandeur.
Ce sont des Françaises : elles voudraient
danser un ballet devant Sa Hautesse.

LE SULTAN. J'ai peur qu'elles m'ennuient.

FÉLIME. O mon doux souverain! es-
sayez de leur donner un instant.

LE SULTAN. Faites-les entrer.

(*Huit danseuses entrent deux à deux en
se tenant par la main. Elmire se place à
la suite. La musique joue l'air :* Où peut-
on être mieux... *Elles font ainsi le tour
du salon; puis la musique joue un air
bouffe, et l'on danse un ballet. — Elmire
danse seule.*)

LE SULTAN. Ah! cela m'a diverti...
Mesdames, je vous invite à une colla-
tion et je vous souhaite bon appétit.

(*Ils sortent tous en dansant.*)

FIN DE LA CHARADE.

BALAI.

CHARADE EN TROIS ACTES.

**Le premier : BAL. — Le second : LAIT.
Le tout : BALAI.**

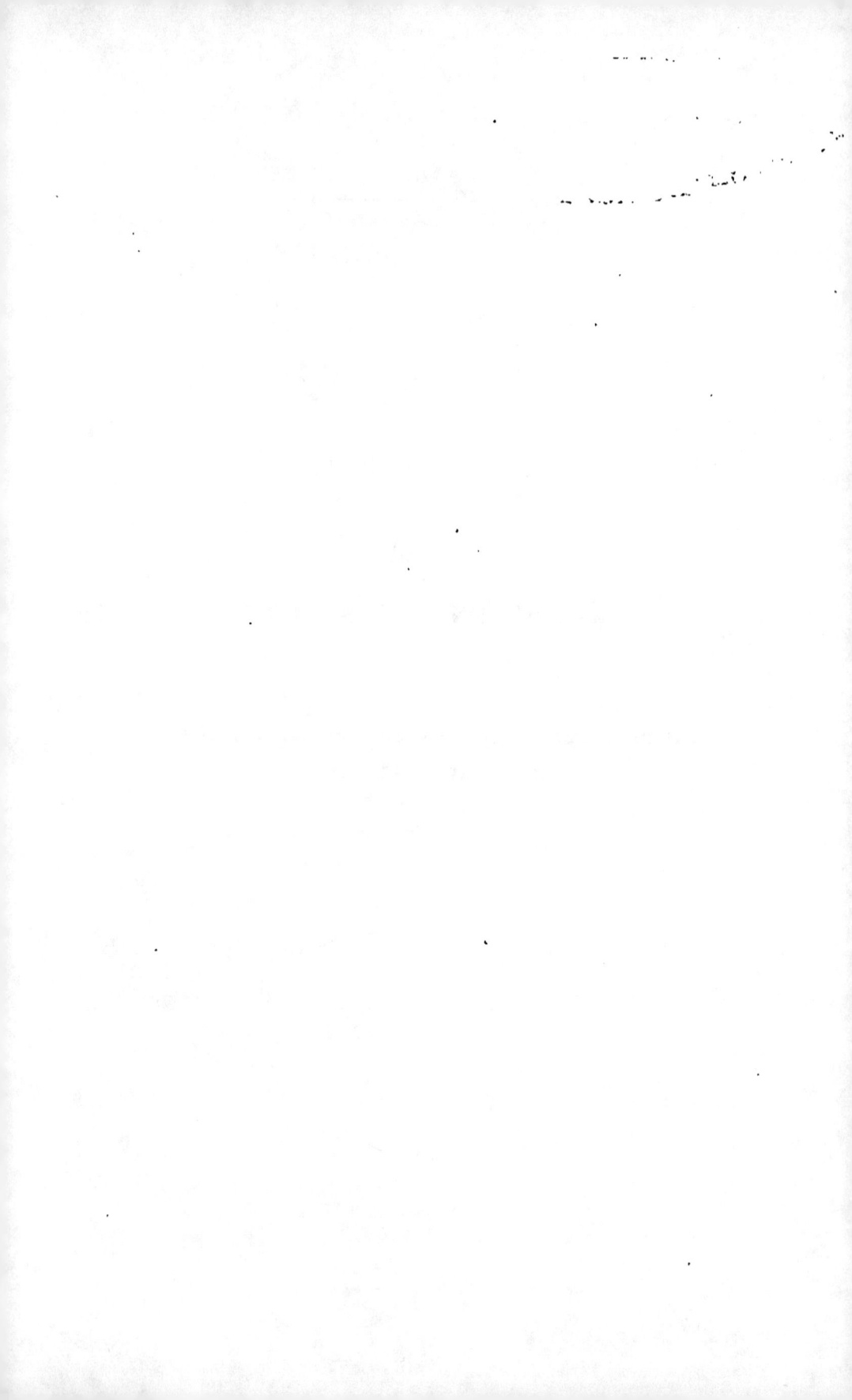

BAL.

La scène représente le salon de madame Florville.

PERSONNAGES :

Mme FLORVILLE.
LOUISE, sa fille.
MATHURINE, jeune fille de la campagne.
JACQUEMINE.
DEUX PETITS ENFANTS.
JUSTINE, femme de chambre.

SCÈNE PREMIÈRE.

JUSTINE, MATHURINE.

JUSTINE. Mademoiselle, vous bougez trop, vous vous défrisez.

MATHURINE. Vous voudriez, Justine, me faire passer à l'état de statue.

JUSTINE. Mais vous allez au bal au Jardin d'hiver, et là vous sauterez.

MATHURINE. Je ne sais en vérité pour-

2

quoi on va payer bien cher au Jardin d'hiver le droit de danser, quand on peut danser ici tout à son aise.

JUSTINE. Mais c'est un bal au Jardin d'hiver.

MATHURINE. Mais un bal c'est danser.

JUSTINE. Oui, mais danser ce n'est pas un bal.

MATHURINE. Louise et moi nous aurions fait un bal.

JUSTINE. Un bal à deux n'est pas un bal; au Jardin d'hiver il y aura deux cents enfants.

MATHURINE. Ce sera plus beau, mais cela sera-t-il plus amusant?

JUSTINE. En doutez-vous?

MATHURINE. Certes, j'en doute. D'abord on vous frise; c'est fort ennuyeux d'être frisée, et puis on vous serre; on vous met des jupons raides, et l'on vous dit de ne pas vous chiffonner : c'est fort peu plaisant.

JUSTINE. Il faut souffrir pour être belle.

MATHURINE. Mais cela ne fait pas belle,

cela pare, et la parure n'est pas la beauté.

JUSTINE. Si cela ne la fait, cela y contribue grandement.

MATHURINE. Moi, j'aime fort peu la toilette.

JUSTINE. Je crois, mademoiselle, que les plaisirs de la ville vous sourient peu.

MATHURINE. J'ai été élevée dans la ferme de mon père; mes plaisirs étaient dans la liberté et la gaieté des gens avec lesquels je vivais. Madame Florville a voulu m'emmener passer l'hiver à la ville. Ici je partage les leçons de Louise, comme à la campagne elle partageait les miennes, j'aime à profiter des leçons de ses maîtres, qui sont plus habiles que les miens; mais ses plaisirs ne sont pas si gais.

SCÈNE II.

LES PRÉCÉDENTES, LOUISE PARÉE.

LOUISE. Eh bien! Matha, comment me trouves-tu?

MATHURINE. Bien ; mais je t'aime mieux avec ta robe du matin.

JUSTINE. Oh ! mademoiselle, ne l'écoutez pas ; vous êtes charmante ainsi.

MATHURINE. Vous la trouvez charmante parée. Eh bien ! moi, je la trouve toujours charmante ; je suis moins difficile que vous.

LOUISE. Oh ! Matha, tu conviendras que cette robe est délicieuse et me va parfaitement.

MATHURINE. Mais celle que tu avais hier t'allait aussi bien.

JUSTINE. Une vieille robe. Oh ! mademoiselle Mathurine, vous n'avez pas de goût.

LOUISE. Pourquoi l'appelles-tu Mathurine ? appelle-la Matha.

MATHURINE. C'est Mathurine, mon nom ; ce n'est pas joli, mais c'est le nom de ma mère.

SCÈNE III.

LES PRÉCÉDENTES, Mme FLORVILLE.

MADAME FLORVILLE. Mes enfants, voilà

le prix de vos places. Justine va vous
conduire chez madame Lindé, qui veut
bien se charger de vous.

MATHURINE. Comment, madame, vous
ne venez pas ; je vous assure que je sa-
crifierais volontiers ce bal pour rester
avec vous.

MADAME FLORVILLE. Je ne voudrais pas
de ce sacrifice. C'est très-joli un bal, ma
chère enfant.

MATHURINE. Très-joli ! mais que les
préparatifs sont ennuyeux ! Si le bal ne
m'amuse pas étonnamment, je me trou-
verai volée.

LOUISE. Mais tous ces préparatifs sont
la moitié du plaisir.

MATHURINE. Me voilà donc forcée de
me contenter de la moitié du plaisir,
puisque les préparatifs m'ennuient.

MADAME FLORVILLE. On a de la peine à
amuser Matha à la ville ; à la campagne
tout l'amusait.

MATHURINE. Et m'amusera toujours.
C'est si beau la campagne ! si gai ! Quand
le soleil éclaire le petit bois, les arbres
sont si brillants : chaque goutte de rosée

2.

est un diamant, et le soir le soleil se
couche dans la mer; il laisse après lui
de grandes lumières, comme des auréo-
les, et puis les pâtres ramènent les trou-
peaux en chantant; on entend les clo-
chettes des chèvres, le chant des oiseaux
qui vont se coucher. Tout cela est charmant.

JUSTINE. Miséricorde! trouver cela charmant. La campagne est jolie tout au plus
au bois de Boulogne, quand il y a beaucoup de monde.

MADAME FLORVILLE. Justine aime mieux
l'imitation de la nature que la nature
elle-même.

LOUISE. J'aime bien le bois de Boulogne, mais j'aime mieux la campagne;
on est si libre, on saute de si grand
cœur.

MATHURINE. Ma mère voulait me faire
regretter la campagne sans doute en
me faisant la vie si heureuse. Je prenais
mes leçons dans le jardin, dans la prai-
rie, dans le bois; j'apprenais avec tant
de plaisir au milieu de si belles choses
qu'on m'enseignait à admirer.

JUSTINE. Justement personne ne m'a appris à admirer cela.

LOUISE. Partons-nous, maman?

MADAME FLORVILLE. Oui, mes enfants; voyons, il ne vous manque rien?

LOUISE. Eh! mais si, nous n'avons pas d'éventails.

MADAME FLORVILLE Je vais vous les chercher. (*Elle sort.*)

SCÈNE IV.

LES PRÉCÉDENTES, MOINS Mme FLORVILLE.

LOUISE. J'ai un charmant éventail, et maman te prêtera le sien.

MATHURINE. Est-ce bien nécessaire un éventail?

JUSTINE. Sans doute; cela donne un maintien. Si j'étais une belle demoiselle, je ne sortirais qu'un éventail à la main.

SCÈNE V.

LES PRÉCÉDENTES, JACQUEMINE, LES DEUX ENFANTS.

JACQUEMINE. Ah! mademoiselle Gros-

Jean, quel bonheur, je vous trouve
enfin !

MATHURINE. Ah! ma pauvre Jacquemine, que vous êtes changée ! Je ne vous
aurais pas reconnue. Quel accident vous
a transportée à Paris?

JACQUEMINE. Ah! mademoiselle, on
avait dit à mon pauvre mari que les
journées se payaient double à Paris, il a
voulu venir.

UNE DES PETITES. Oui, et c'est bien
triste la vie de Paris pour les petits enfants.

LA SECONDE. Il y a tant de voitures et
de chevaux !

MATHURINE. Pauvres petites ! c'est bien
vrai.

JACQUEMINE. Mon pauvre mari a tra-
vaillé comme un nègre, le travail l'a
rendu malade. J'ai épuisé toutes mes
petites ressources pour le soigner, et
puis il est mort. Oui, ma bonne demoiselle, Nicolas, le brave, l'honnête Nicolas est mort! Je n'ai plus de mari, et
mes pauvres enfants n'ont plus de père.

(Elle pleure.)

MATHURINE. Oh! ma pauvre Jacquemine, je vous plains bien. Pauvres enfants! ils n'ont plus de père.

LES ENFANTS. Oh! ma bonne demoiselle, c'est bien triste; papa était si bon!

MATHURINE. Pourquoi restez-vous à Paris? Chez nous vous trouveriez des ressources qui doivent vous manquer ici.

JACQUEMINE. Hélas, oui! mademoiselle. Aussi, quand j'ai entendu dire que vous étiez à Paris, je suis venue vous exposer ma misère. Si j'avais quinze francs pour payer mon voyage, je retournerais à la campagne, je serais logée chez un parent, j'aurais des journées, mes enfants seraient en plein air. Tout est facile à la campagne : un enfant garde des moutons dès qu'il peut bien comprendre sa charge; j'y sèmerais des pommes de terre. Oh! je vivrais à la campagne.

MATHURINE. Il ne vous faudrait que quinze francs! c'est bien peu, et cependant je ne les ai pas. Que je regrette d'avoir acheté tant de niaiseries! Oh mais, j'y pense! J'ai dix francs, les voilà, et puis voilà cinq francs, c'est là le prix de mon billet de bal, je n'irai pas, voilà tout.

JUSTINE. Y pensez-vous, mademoiselle? il y aura une tombola. Madame ne vous a pas donné cinq francs, mais le prix d'un billet de bal. Je ne crois pas que vous puissiez, sans lui manquer, disposer de ces cinq francs.

LOUISE. Et puis, Matha, madame Lindé nous attend; je ne puis aller au bal sans vous.

JACQUEMINE. Je ne veux pas, mademoiselle Mathurine, que pour nous vous indisposiez la mère de mademoiselle, que vous la priviez d'un bal. Vos dix francs c'est pour nous une grande somme, je vais vendre tout ce qui me reste, j'en tirerai bien cinq francs!

MATHURINE. Quoi! vous croyez que pour me procurer une satisfaction, qui n'est même pas pour moi un plaisir, je permettrai que vous vous dépouilliez? Mais ce qu'on vous achètera cinq francs vous ne l'auriez pas pour trente francs.

Gardez cet argent, Jacquemine; c'est moi seule qui dois répondre à madame Florville. Ah! la voilà!

SCÈNE V.

LES PRÉCÉDENTES, Mme FLORVILLE.

MADAME FLORVILLE. Voici les éventails. Mais que veut cette femme?

MATHURINE. Oh! madame, c'est une bien brave femme de notre campagne. Elle est venue à Paris avec son mari, qui était maçon; il est mort; il l'a laissée veuve avec deux pauvres enfants; elle est sans ressources à Paris; dans notre pays tout lui serait secours; il lui faut quinze francs pour y retourner; je n'ai plus que dix francs dans ma bourse, j'y ajoute les cinq francs que vous m'avez donnés pour le billet de bal. On me dit que je n'ai pas ce droit, je vous le demande, madame. Quel bal vaudrait le bonheur d'être utile à ces pauvres gens?

MADAME FLORVILLE. Qu'en penses-tu, Louise?

LOUISE. Que ma chère maman peut

prêter cinq francs à Matha; elle oblige-
rait ces protégés, et nous irions au bal.

MATHURINE. Je refuserais ce prêt. Maman m'avait donné généreusement ce
qu'elle pouvait me donner pour mes
plaisirs, et ma générosité ne doit pas
s'exercer en la privant de ses propres
jouissances.

MADAME FLORVILLE. C'est très-bien pensé, ma chère Matha. Justine, conduisez
Louise chez madame Lindé. Vous voudrez bien, ma bonne femme, dîner avec
Mathurine et moi.

LES PETITES FILLES. Ah! quelle joie, il
y a si longtemps que nous n'avons dîné.

JACQUEMINE. Oh! madame, c'est trop
d'honneur.

MADAME FLORVILLE. L'honneur est à
Dieu, et le bonheur à moi.

MATHURINE (*frappant dans ses mains*).
A nous! Venez avec moi, mes petites.

JUSTINE (*à Louise*). Venez-vous, mademoiselle?

LOUISE. Non. (*Elle embrasse sa mère*).
Maman, pardonnez-moi d'avoir hésité;
permettez-moi de donner mon billet de

bal à cette digne femme, et de rester à dîner avec vous.

MADAME FLORVILLE. Volontiers; mais peut-être regretteras-tu le bal.

LOUISE. Oh! pas un instant. Justine, allez nous excuser près de madame Lindé. (*Justine sort.*)

MADAME FLORVILLE. Je suis heureuse, Louise, que tu aies compris que le plaisir n'est pas le bonheur, et qu'un bal ne vaut pas le sourire des heureux qu'on fait.

LOUISE. Je serais triste au bal, si je pensais que vous et Matha, vous êtes là près de ces enfants, les entourant de soins, consolant cette digne femme, et moi faisant des pas en avant et en arrière sans être utile à personne.

JACQUEMINE. Oh! pensez toujours ainsi, mademoiselle, et vous serez bénie, et votre bonté fera le bonheur de votre digne mère.

LES ENFANTS. Et celui des petits enfants!

MATHURINE. Notre soirée vaut mieux qu'un bal!

LAIT.

La scène représente un paysage ; sur un des côtés
de la scène, le commencement d'une forêt.

ACTEURS :

1er CHASSEUR.
2me CHASSEUR.
UNE MARCHANDE DE PEAUX DE LAPINS.
PERRETTE, laitière.
JEANNE, marchande d'œufs.
MARIE, marchande de beurre.

SCÈNE PREMIÈRE.

UNE MARCHANDE DE PEAUX DE LAPINS.
Seule d'abord, puis les chasseurs.

(*Elle crie.*) Peaux de lapins ! peaux de
lapins ! Bon ! c'est crier dans le désert !
ces gens ne font rien dans ce village ;
pas la plus petite industrie ; on n'y élève
pas un lapin ; on n'y chasse pas un
lièvre !

1ᵉʳ CHASSEUR. (*Il a entendu la dernière phrase.*) Madame, vous jugez légèrement. Nous sommes chasseurs, et si vous voulez acheter l'ours que nous allons tuer, vous ferez une brillante affaire.

2ᵉ CHASSEUR. Je le crois bien ! c'est un ours merveilleux, il a cinq pieds huit pouces, il est gros comme une tonne ; sa fourrure épaisse et brillante ferait la plus belle robe du monde.

LA MARCHANDE. Mais vous ne l'avez pas encore ?

1ᵉʳ CHASSEUR. Ce fusil n'a jamais manqué son coup.

2ᵉ CHASSEUR. Ce couteau va droit à son but.

LA MARCHANDE. Comment ! ce couteau ?

2ᵉ CHASSEUR. Quand mon ami a tiré son coup de fusil et blessé l'ours, l'animal ne s'enfuit pas ; il vient vers nous, et c'est alors que je me présente ; au moment où il vient pour m'étouffer les pattes ouvertes et en poussant un rugissement effroyable, je lui enfonce ce couteau dans le cœur et je l'étends à mes pieds.

LA MARCHANDE. Ah! cela fait frémir! Si vous le manquiez!

2ᵉ CHASSEUR. Le manquer! allons donc : du sang-froid, de la présence d'esprit, de l'adresse, voilà tout ce qu'il faut.

LA MARCHANDE. Voilà tout : c'est beaucoup, il me semble!

1ᵉʳ CHASSEUR. Mais, non; c'est notre bagage ordinaire. Voyons, achetez-vous l'ours?

LA MARCHANDE. J'aimerais voir la peau avant.

2ᵉ CHASSEUR. Non, madame! ne l'achetez pas! j'irai la vendre à Paris. Je la vendrai trois fois plus que vous ne me la payeriez ici.

LA MARCHANDE. Je puis bien vous la payer ce qu'elle vaut : une marchande de peaux de lapins arrive plus vite à la fortune qu'un chasseur.

1ᵉʳ CHASSEUR. Je le sais bien, madame, nous tirons les marrons du feu, et vous les croquez.

LA MARCHANDE. Eh bien! voyons, combien l'ours?

2ᵉ CHASSEUR. Cinq cents francs!

LA MARCHANDE. Oh ! c'est de la folie. Cinq cents francs !

1ᵉʳ CHASSEUR. De la folie ! Le plus bel ours du monde ! mais il vaut deux ours de la plus grande espèce.

2ᵉ CHASSEUR. Savez-vous, madame, que c'est risquer sa vie à bon marché?

LA MARCHANDE. Et les danseurs de corde la risquent tous les jours pour quelques sous, et les couvreurs offrent leurs vies à deux ou trois francs par jour ; c'est leur état. Voyons, je veux être généreuse, je vous en donne deux cents francs.

1ᵉʳ CHASSEUR. C'est une plaisanterie, madame, vous ne la voudriez pas ; vous vendrez cette fourrure mille francs.

LA MARCHANDE. Allons donc, mille francs ! Ne faut-il pas la faire apprêter avant de la livrer au commerce?

2ᵉ CHASSEUR. Certainement ; mais aussi quel bénéfice énorme ! et quelle peine avez-vous?

LA MARCHANDE. J'avance mon argent; voyons, finissons-en.

1er CHASSEUR. Je ne demande pas mieux.

2e CHASSEUR. Ni moi non plus, terminons : deux cents francs chacun.

LA MARCHANDE. Jamais; non, je ne puis à ce prix; mais j'irai grandement, cent écus en or.

1er CHASSEUR. Vous nous prenez pour des niais, chère madame; cent écus en or, en argent, en cuivre, en papier, font cent écus, et voilà tout.

LA MARCHANDE. (*Elle tire sa bourse et montre l'or.*) Voyez, voulez-vous?

2e CHASSEUR. Ajoutez quelque chose.

LA MARCHANDE. Pas un sou.

1er CHASSEUR. Allons, donnez le denier à Dieu et partons, voilà le moment.

LA MARCHANDE. Voilà cinq francs chacun. Bon courage !

2e CHASSEUR. Vous pouvez vous vanter d'avoir la plus belle peau d'ours que l'on puisse trouver.

1er CHASSEUR. Attendez-nous là. Nous vous portons la bête.   (*Ils sortent.*)

SCÈNE II.

LA MARCHANDE, SEULE.

J'ai fait vraiment un bon marché. Je
la ferai apprêter pour cinquante francs,
et je la vendrai mille francs, peut-
être douze cents! Elle est magnifique,
et cette année il n'y a pas d'ours, il
n'a pas fait froid. Je ne sais si je la ferai
apprêter, ou si je la vendrai sans apprêt!
Je la ferai apprêter, je gagnerai encore
sur l'apprêt.

SCÈNE III.

LA MARCHANDE, PERRETTE, JEANNE,
MARIE.

MARIE. Le beurre renchérit tous les
jours; si j'étais toi, Perrette, je ferais du
beurre au lieu de vendre mon lait.

PERRETTE. Crois-tu que je donne mon
lait? Oh! que nenni!... Je vais le vendre
un bon prix, puis j'achèterai un cent
d'œufs que je ferai couver par mes
quatre poules.

JEANNE. Vingt-cinq à chacune? quelle folie, Perrette!

PERRETTE. Du tout; mes poules sont capables de cela.

MARIE. Quelle capacité ont tes poules!

PERRETTE. Oh! ce sont de bonnes couveuses! Avec la vente des poulets j'achèterai un porc. Je l'achèterai bon marché, je l'engraisserai facilement, je le vendrai bien cher; j'achèterai une vache, ma petite Jeanne la conduira au champ, elle aura un veau, ah! quel bonheur!

LA MARCHANDE. Vous fondez de grandes espérances sur votre pot de lait, madame.

PERRETTE. C'est le commencement de ma fortune.

JEANNE. Madame attend ici des lapins, apparemment.

LA MARCHANDE. Non, madame, j'attends mieux que des lapins!

JEANNE. Mieux que des lapins!

LA MARCHANDE. J'attends un ours.

TOUTES. Un ours!

JEANNE. Il vous a donné rendez-vous?

LA MARCHANDE. Je n'ai de rendez-vous qu'avec sa peau que je viens d'acheter.

MARIE. Vous avez acheté dans ce pays une peau d'ours? C'est une belle emplette!

LA MARCHANDE. Je le crois bien : c'est une peau magnifique.

MARIE. Cette année elles sont hors de prix.

LA MARCHANDE. J'ai fait un marché avantageux.

JEANNE. Connaissez-vous les gens qui vous ont vendu cette peau?

LA MARCHANDE. Ce sont deux jeunes gens qui sont à la chasse en ce moment. Ils vont me l'apporter.

JEANNE. Comment! ils ont vendu la peau d'un ours vivant?

LA MARCHANDE. Ils vont me l'apporter mort.

JEANNE. C'est comme la couvée de Perrette.

PERRETTE. Tu ne saurais croire combien j'y compte. Ces chers petits poulets, je me vois déjà leur donnant la pâture; petits! petits! un par ici, un par là, et les mères poules les ralliant, frappant les rebelles du bout de l'aile. Ah! c'est charmant!

LA MARCHANDE. Moi je me vois chez mes marchands : Eh bien! la mère, avez-vous de belles peaux de lapins? Oui, monsieur; voyez et l'étonnement et l'envie : ah! madame, vous vous lancez dans le gros commerce; ah! ah! (*Elle rit.*) *On entend un coup de fusil.* Ah! voilà mon ours!

SCENE IV.

LES PRÉCÉDENTES, 2ᵉ CHASSEUR.

2ᵉ CHASSEUR. (*Il court*). Voilà l'ours, au secours! (*Toutes les femmes s'échappent en courant. Perrette laisse tomber son pot de lait*).

PERRETTE. Ah! mon Dieu, mon lait, et l'ours, ah! le voilà... (*Elle fuit*).

(*Le 2ᵉ chasseur a couru en tournant; l'ours paraît, il va lentement; le chasseur se couche à terre; l'ours approche, le flaire, et puis s'en va reprendre tranquillement le chemin de la forêt. Quand le chasseur n'en-*

tend plus rien, il se soulève doucement. Le
1ᵉʳ *chasseur arrive.*)

SCÈNE V.

1ᵉʳ CHASSEUR. Relève-toi, il est parti.

2ᵉ CHASSEUR. Quel monstre effroyable,
je me suis cru mort!

1ᵉʳ CHASSEUR. J'ai monté sur un arbre,
il m'a regardé; il a des yeux atroces.

SCÈNE VI.

LES CHASSEURS, LA MARCHANDE, PER-
RETTE, JEANNE ET MARIE.

LA MARCHANDE. Et mon ours?

2ᵉ CHASSEUR. Voilà vos cinq francs.

1ᵉʳ CHASSEUR. Voici votre argent; quelle
peur j'ai eue!

LA MARCHANDE. Et mes espérances! cet
ours faisait ma fortune.

PERRETTE. Et mon lait! Vous m'avez
fait jeter mon lait, j'ai cassé mon pot, j'ai
perdu ma couvée, mon porc, ma vache
et mon troupeau!

LA MARCHANDE. Et moi donc, toutes

mes espérances; mais cet ours vous a parlé de bien près; que vous a-t-il dit?

2e CHASSEUR. Qu'il ne faut jamais vendre la peau de l'ours, qu'après l'avoir jeté par terre.

BALAI.

La scène représente une cabane sur la lisière d'une forêt.

ACTEURS :

LE PÈRE JÉROME.
ALEXIS, } ses petits-fils.
JACQUES, }
PIERRETTE, sa petite-fille.
HERMINE } DOBLIN.
HENRI }
Mlle DESPREZ, leur gouvernante.
Mme DOBLIN.

SCÈNE PREMIÈRE.

LE PÈRE JÉROME, ALEXIS, PIERRETTE.

PIERRETTE. Asseyez-vous ici, grand-père ; là. (*Elle abaisse deux branches d'arbre et attache son tablier pour préserver le vieillard du soleil.*) Là, vous serez bien pour dormir.

JÉRÔME. Merci, mon enfant, je serais bien pour dormir, si je pouvais dormir.

ALEXIS. Pourquoi, mon père, ne pouvez-vous pas dormir?

JÉRÔME. J'ai de l'inquiétude !

PIERRETTE. De l'inquiétude, c'est du chagrin? Qui donc vous fait de la peine, mon père ?

JÉRÔME. Hélas ! personne; c'est le bon Dieu qui m'éprouve.

PIERRETTE. Oh! je vais prier le bon Dieu de ne pas vous éprouver.

JÉRÔME. Mon enfant, Dieu éprouve ceux qu'il aime; il ne faut pas craindre les épreuves : Dieu donne les grâces suffisantes pour les supporter. Mais on ne peut s'empêcher de redouter pour les autres la douleur que l'on peut supporter soi-même.

PIERRETTE. Oh ! c'est bien vrai : j'aimerais mieux vingt fois avoir du mal que de vous le voir.

ALEXIS. Et moi aussi, mon grand-père.

PIERRETTE. Grand-père , dites-nous

votre peine, nous trouverons peut-être un moyen de vous l'épargner?

JÉRÔME. Ah! mes pauvres enfants! ce n'est guère possible; amusez-vous de vos petits plaisirs, c'est de votre âge; celui de la peine vient toujours assez tôt.

ALEXIS. Mais, mon grand-père, il n'y a pas de plus grande peine que de vous en voir.

PIERRETTE. Oh! c'est bien vrai, mon grand-père.

JÉROME. Vous êtes de charmants enfants; je vais aller faire un petit somme dans ma cabane. Il fait beau soleil; mais l'air de février est encore trop froid pour dormir à la porte.

PIERRETTE. Et je voulais vous préserver du soleil.

JÉRÔME. Je te remercie de l'intention.

(*Il sort.*)

SCÈNE II.

PIERRETTE, ALEXIS.

ALEXIS. Mon grand-père nous dit de

nous amuser; comme si l'on peut s'amuser quand on le voit triste.

PIERRETTE. Oh! non, je n'ai de cœur à rien; ce matin la poule a chassé le chat pour manger ce qu'il y avait dans son écuelle, elle était comique en lui volant son bien; elle avait l'air de rentrer seulement dans son droit. Une autre fois, cela m'eût fait rire : j'ai à peine souri.

ALEXIS. Et moi donc : mon bélier a donné la chasse au chien; il était si drôle que j'aurais ri aux larmes, si j'avais eu le cœur gai.

PIERRETTE. Voici Jacques; mais que porte-t-il donc?

SCÈNE III.

LES PRÉCÉDENTS, JACQUES.

ALEXIS. Que portes-tu là?

JACQUES. Tu ne vois pas : des balais.

PIERRETTE. Oh! mon Dieu! que comptes-tu faire de tant de balais?

JACQUES. Les vendre.

ALEXIS. A qui?

JACQUES. A tout le monde.

PIERRETTE. Quelle idée !

JACQUES. Ne vous êtes-vous pas aperçus de la tristesse de mon grand-père ?

ALEXIS. Oh si ! nous en parlions, Pierrette et moi, quand tu es arrivé.

JACQUES. Eh bien ! je sais ce qui cause sa peine.

PIERRETTE. Quoi donc?

JACQUES. C'est qu'il ne peut payer son terme, et le propriétaire de notre petite cabane le tracasse. Alors, je me suis dit : il faut tâcher d'aider grand-père ; tous les jours depuis huit jours je fais des balais ; en voilà trois douzaines.

ALEXIS. C'est une bonne idée !

PIERRETTE. Moi, j'avais pensé aux violettes, et aux fraises.

JACQUES. Oui, dès le mois prochain, nous irons chercher de la violette ; mais avant trois mois nous n'aurons pas de fraises.

PIERRETTE. Tu as eu tort de ne pas nous mettre dans la confidence, nous t'eussions aidé à faire des balais.

ALEXIS. Il faut aller les vendre. Ah !
voici une dame et deux jolis enfants.

JACQUES. Je les ai vus descendre d'une
belle voiture. Que veux-tu qu'ils fassent
de mes pauvres balais?

PIERRETTE. Ils en feront ce qu'ils vou-
dront, pourvu qu'ils les achètent.

SCÈNE IV.

LES PRÉCÉDENTS, HENRI, HERMINE, Mlle DESPREZ.

PIERRETTE. Madame, achetez des balais, je vous prie.

HENRI. L'idée est originale; vous voulez que nous rentrions la voiture rem-
plie de balais?

JACQUES. Oh! mon petit monsieur, j'i-
rai bien vous les porter jusqu'à la ville.

HENRI. Et je me mettrai marchand de
balais.

PIERRETTE. Non, monsieur; vous les
donnerez à des pauvres gens qui n'ont
pas le moyen d'en acheter, et vous ferez
deux charités : d'abord celle de les

acheter, et secondement celle de les donner.

HENRI. Ah! vous voulez faire une petite bourse?

JACQUES. Une petite bourse! Non, monsieur, je veux aider mon grand-père à payer son terme.

HENRI. Passons, mademoiselle Desprez.

Mlle DESPREZ. Non, monsieur; c'est vous qui avez provoqué cet incident. Maintenant, ces enfants m'intéressent.

HERMINE. Et moi aussi.

HENRI. C'est très-intéressant de faire des balais de deux sous, et de vouloir les vendre aux gens qui passent en voiture.

Mlle DESPREZ. C'est de l'industrie de tirer parti de tout. Quant à vendre à des gens en voiture, ce brave enfant vous a offert, monsieur, de vous les porter à la ville, et même il vous a dit ce que vous pouvez en faire.

HENRI. Joli cadeau à faire qu'un balai!

PIERRETTE. Oh! mon pauvre Jacques,

la peine ne profitera guère à notre pauvre grand-père.

HERMINE. Comment, votre grand-père?

PIERRETTE. Oui, mademoiselle, nous sommes trois orphelins; notre grand-père, qui est bien bon, bien bon, nous a recueillis. Mais il est bien âgé; il a été malade; il ne peut payer son terme, et Jacques voudrait lui venir en aide. Que voulez-vous que nous fassions? nous sommes de pauvres campagnards, nous n'avons rien et nous ne savons rien. Oh! pour tirer mon grand-père de peine, si vous voulez m'acheter, madame, je me vendrai, je serai votre servante, pendant dix ans, sans gages, nourrie de ce que vous voudrez, mais payez le terme de mon grand-père. que je ne le voie pas triste, cela me fait trop de peine.

Mlle DESPREZ. Vous oubliez, mon enfant, qu'en France on n'achète pas d'hommes.

ALEXIS. Et puis, ma pauvre Pierrette, tu ne pourrais quitter mon grand-père sans le tuer. C'est toi sa ménagère; tu es son bras droit. Moi, je suis inutile;

prenez-moi, madame, je serai docile, je serai le petit domestique de monsieur ; s'il est pris à la conscription, je partirai pour lui ; je ferai tout ce qu'on voudra, mais sauvez mon grand-père.

HERMINE. Ah ! mademoiselle, si maman les entendait, elle ferait quelque chose pour eux !

HENRI. Oh ! certainement ; elle est à deux pas qui lit : je vais la chercher. (*A Alexis.*) Mon ami, je te remercie, tu m'as fait rougir de ma sotte vanité. (*Il sort en courant.*)

SCÈNE V.

LES PRÉCÉDENTS, JÉROME.

JÉRÔME *derrière la coulisse.* Pierrette ! Pierrette ! (*Il entre.*) Ah ! pardon, madame..., et compagnie.

Mlle DESPREZ. Pierrette, c'est là votre grand-père.

JÉRÔME. Oui, madame, pour vous servir si j'en étais capable.

Mlle DESPREZ. Vous élevez ces enfants ; comment sont-ils devenus orphelins ?

JÉRÔME. Mon fils était un brave garçon, madame; il aimait les braves gens.
Le vieux Didier, qui avait fait toutes les
guerres de l'empire, qui avait la croix
d'honneur, mourut en lui recomman-
dant sa fille unique. Mon fils était un
brave marinier, qui gagnait bien sa vie;
il épousa Marie, qui était douce et
bonne. Elle lui donna ces trois enfants,
et puis elle mourut : ce fut un grand
chagrin dans notre pauvre cabane. Mais
l'éducation de ces pauvres enfants, l'é-
ducation du cœur, vous pensez, madame, nous occupait tous deux. Un jour,
on signala un bâtiment qui se per-
dait; mon fils prit son canot; il eut le
bonheur de faire trois voyages, en sau-
vant deux hommes à chaque voyage; il
voulut repartir pour sauver le capitaine
qui avait voulu rester le dernier à son
bord. Il était épuisé de fatigue; la mer
grossissait toujours : il partit, mais il ne
revint pas. La mer ne nous le rendit que
le troisième jour; il tenait le capitaine
par les cheveux; il était mort, en voulant
le sauver. J'élève ses trois enfants.

Mlle DESPREZ. Quelle rencontre! Ah! Dieu est bon.

SCÈNE VI.

LES PRÉCÉDENTS, Mme DOBLIN.

Mlle DESPREZ. Venez, madame, vingt fois je vous ai entendue regretter de n'avoir pu récompenser le courage et le dévouement du généreux marin, qui mourut en essayant de sauver votre frère. Voici son père; et ces enfants dont la tendresse filiale nous intéressait, sont les siens.

Mme DOBLIN. Quel bonheur! je pourrai témoigner ma reconnaissance aux enfants du brave qui sauva mon mari, ma fortune, et qui mourut en voulant sauver mon frère.

HERMINE (*embrassant Pierrette*). Ah! vous serez ma sœur!

HENRI (*embrassant Jacques et Alexis*). Et vous, mes frères!...

Mme DOBLIN. C'est pour sauver mon frère que ces enfants sont orphelins; je serai leur mère.

JÉRÔME. Ah! quelle joie! Dieu a pris

pitié de mes inquiétudes; il envoie un protecteur à mes enfants.

Mme DOBLIN. Cette cabane est-elle à vous?

JÉRÔME. Hélas! madame, je ne suis pas si riche.

Mme DOBLIN. Je vous la donne, si on peut l'acheter.

JÉRÔME. Moi, qui me désolais, parce qu'on voulait la vendre!

JACQUES. Quel bonheur! comme Dieu nous a sauvés!

Mlle DESPREZ. C'est votre courage, votre activité, votre dévouement à votre grand-père, qui ont attiré notre attention; et ce seront ces vertus qui ont mérité les bénédictions du ciel.

JÉRÔME. Oh! la sainte providence du bon Dieu conduit tout. Ce matin, j'étais triste, mais soumis; Dieu m'éprouve, disais-je; cette épreuve, c'était l'ondée qui rafraîchit la terre et la féconde.

PIERRETTE. J'ai bien fait de crier: Balais à vendre!

JÉRÔME. Oh! oui, Dieu a tout conduit.

FIN DE LA CHARADE.

CORBEAU.

CHARADE EN TROIS ACTES.

———

**Le premier : COR. — Le second : BEAU.
Le tout : CORBEAU.**

COR.

La scène représente une place de campagne.
C'est jour de foire.

––––––

PERSONNAGES :

Le Maire.
Un Charlatan.
JACQUES.
PIERRE.
Marchand a cinq et a sept.
Divers marchands.
Paysans, Paysannes.
Un Exempt de police.
Musiciens.

––––––

SCÈNE PREMIÈRE.

DIVERS MARCHANDS, marchande d'oranges
marchand de pain d'épices, marchand à cinq et
à sept, PAYSANS, PAYSANNES.

MARCHANDE D'ORANGES. A la Valence!
la Valence !

AUTRES MARCHANDS. A cinq et à sept! à
sept !

AUTRE MARCHAND. Au pain d'épices !
au bon pain d'épices !

LA MARCHANDE D'ORANGES. On ne vend
rien; que c'est ennuyeux! Madame, achetez de la Valence, de belles Valences !

MARCHAND. Mesdames, à cinq et à sept
des objets superbes ! Achetez à cinq, à
sept ! à sept !

MARCHAND. Aux bons hommes de pain
d'épices ! au pain d'épices ! (*A la marchande d'oranges.*) Ce criard de sept casse
la tête ; on n'entend que lui.

UNE PAYSANNE. Combien votre pantin
en pain d'épices?

LA MARCHANDE. Comment un pantin !
c'est un guerrier avec sa hallebarde.

LA PAYSANNE. Eh bien ! combien le
bonhomme?

LA MARCHANDE. Cinquante centimes ou
dix sous, à votre choix.

LA PAYSANNE. C'est trop cher.

UN AUTRE MARCHAND. A cinq et à sept,
à sept !

LA MARCHANDE D'ORANGES. A la belle
Valence, la Valence !

(*On entend la musique.*)

LES PAYSANS. Oh ! la musique, la mu‑
sique !

SCÈNE II.

LES PRÉCÉDENTS, UN CHARLATAN.

*(Le charlatan fait son entrée, et puis il
monte sur une chaise. Il fait signe de la
main, le tambour et les trompettes cessent.
Les marchands se taisent, les paysans l'en‑
tourent.)*

LE CHARLATAN. Messieurs et mesdames,
un autre commencerait par réclamer
votre indulgence ; je n'en ai pas besoin.
J'ai fait le tour de la terre ; je suis dé‑
coré de l'Ordre du Soleil du Pérou, de
l'Étoile polaire d'Haïti, de la Panthère
de Madagascar, du Lion du Malabar, du
serpent du Japon, et d'une vingtaine
d'ordres trop connus pour que je veuille
m'en parer. Les ordres que je n'ai pas
m'ont été offerts, mais ma poitrine, trop
étroite, ne pouvait les recevoir.

J'ai guéri plus de souverains, de
princes et de ministres que vous n'êtes
de gens rassemblés. Qu'avez-vous ? ap‑

4.

prochez. Si vous avez la fièvre tierce ; si
vous avez des maux de cœur, des maux
de dents, des maux de reins, de l'hy-
dropisie, de la paralysie, de l'épilepsie,
la catalepsie, foi d'honnête homme, je
les guéris.

Sans douleurs j'arrache les dents. Vous
avez mal, jeune homme, approchez, et
vous (*aux musiciens*), faites de la musique.
Allez donc ! vous n'allez pas ! (*On entend
crier le jeune homme.*) Voyez, c'est sans
douleur aucune.

LE JEUNE HOMME. Il ment ! il m'a fait
beaucoup de mal.

LE CHARLATAN. Allons donc la musique ! Et boum ! et boum ! Silence ! Voici
ma gloire, la victoire de la science sur la
douleur : c'est un spécifique pour les cors
aux pieds ; mal affreux qui enlaidirait
la beauté même, qui d'un Apollon fait
un Vulcain, d'un jeune homme d'esprit
un crétin. Qui peut penser dans la souf-
france que cause un cor à votre pied ?
Mon remède est excellent, il rendra vos
pieds bien portants. Vous danserez, vous
courrez, et jamais vous ne souffrirez.

JACQUES. Ne l'écoutez pas, c'est un menteur ; regardez, je boite ; c'est son remède qui m'a fait tout ce mal.

LE CHARLATAN. Jeune homme, vous êtes un ingrat ; répondez : votre cor a pourri?

JACQUES. Oui.

LE CHARLATAN. Et vous n'avez plus de cor?

JACQUES. Non, mais...

LE CHARLATAN. Tambours et trompettes, célébrez ma gloire; il n'a plus de cor. L'ingrat, il a osé !... Cet homme avait un cor rebelle ; tous les docteurs, les opérateurs, les spéculateurs avaient essayé; ils avaient échoué devant ce cor, et moi, avec mon topique, spécifique unique, je l'ai guéri. Suivez-moi à mon hôtel, je vous guérirai tous. (*Il sort. On le suit.*)

SCÈNE III.

LES MARCHANDS, JACQUES, PIERRE.

LA MARCHANDE D'ORANGES. Va-t'en, maudit bavard.

LE MARCHAND A CINQ ET A SEPT. Mais, il emmène tout le monde !

LA MARCHANDE D'ORANGES. Ils reviendront.

JACQUES. C'est affreux de le laisser vendre son monstre de topique ; je boite.

PIERRE. Et c'est le topique qui t'a rendu boiteux ?

JACQUES. Sûrement.

PIERRE. Si j'étais à ta place, je le ferais me donner des indemnités.

JACQUES. Comment pourrais-je m'y prendre ? Cela m'irait, des indemnités.

PIERRE. Il faut te plaindre à monsieur le maire.

JACQUES. Justement, le voici.

SCÈNE IV.

LES PRÉCÉDENTS, LE MAIRE, UN EXEMPT DE POLICE.

PIERRE. Monsieur le Maire, voilà Jacques qui voudrait vous porter une plainte.

LE MAIRE. Parlez, Jacques.

PIERRE. Allons, parle;... parle donc !

JACQUES (*tournant son chapeau*). C'est que, monsieur le Maire !... Oui, monsieur le Maire... Oh ! monsieur le maire !

PIERRE. Va donc !

JACQUES. Monsieur le Maire...

LE MAIRE. Mais, mon ami, articulez les faits.

JACQUES. Oui, monsieur le Maire.

PIERRE. Avance !

JACQUES (*va se placer sous le nez du maire*). Monsieur le Maire...

LE MAIRE. Reculez-vous, mon ami.

JACQUES. Il m'avait dit : avance.

PIERRE. Dans ton discours.

LE MAIRE. Allons, parlez.

JACQUES. Monsieur le Maire, il m'a rendu boiteux.

LE MAIRE. Comment, il vous a rendu boiteux, Pierre?

PIERRE. Mais non, monsieur le Maire.

LE MAIRE. Cependant, il vous accuse.

JACQUES. Ce n'est pas lui.

LE MAIRE. Qui donc?

PIERRE. Le charlatan qui vend un topique qui rend boiteux.

LE MAIRE. Ah mon Dieu! toute ma commune va boiter. (A *l'exempt.*) Faites venir cet homme.

(*L'exempt sort.*)

LE MAIRE. Cet homme vous a vendu un topique qui vous a rendu boiteux.

JACQUES. Monsieur le Maire, j'avais un cor, et ce cor me faisait un mal horrible; il a guéri mon cor.

LE MAIRE. Et vous vous plaignez?

JACQUES. Mais, monsieur le maire, je boite, et je crois, je pense, je présume...

LE MAIRE. Sur quelles bases pensez-vous?

JACQUES. Monsieur le Maire, je n'ai pas de bases.

LE MAIRE. Comment pas de bases! mais alors...

SCÈNE V.

LES PRÉCÉDENTS, LE CHARLATAN, L'EXEMPT.

LE CHARLATAN. Monsieur le Maire, vous m'avez fait l'honneur de me faire appeler; je me rends avec empressement à vos ordres.

LE MAIRE. Monsieur, voilà un homme...

LE CHARLATAN. A qui j'ai rendu un éminent service !

LE MAIRE. C'est lui qui vous accuse.

LE CHARLATAN. L'ingrat ! Il ne marchait plus; un cor affreux, exorbitant, effroyable l'avait rendu fourbu. Je l'ai guéri; et ce monstre vient me dénoncer. Mais il devrait marcher devant moi en m'appelant bienfaiteur de l'humanité, le guérisseur, le sauveur, le..., le...

LE MAIRE. Jacques, vous êtes ingrat ! c'est bien mal ! faites des excuses à Monsieur.

LE CHARLATAN. Je lui pardonne ! Monsieur le Maire, je vous présente mon respect.

(*Le charlatan et le maire sortent.*)

JACQUES A PIERRE. Comme ma plainte a réussi, on m'appelle ingrat !

PIERRE. Si j'avais été le charlatan, je t'aurais fait un procès en calomnie. Quand on est si bête, on mérite tout ce qui vous arrive.

JACQUES. Je ne sais pourquoi je ne te claque pas; c'est toi qui es la cause...

PIERRE. Que tu es bête !

JACQUES. Ah ! tu m'insultes ! attends-moi (*il prend des oranges et les jette à Pierre*).

PIERRE (*attrape les oranges et les met dans ses poches*). Merci, Jacques ; j'aime beaucoup les oranges.

(*Il sort.*)

LA MARCHANDE D'ORANGES (*elle saisit Jacques*). Monsieur, vous me paierez mes oranges.

JACQUES. Par exemple !

LA MARCHANDE. Monsieur l'Exempt, voilà un homme qui jette mes oranges à son ami, qui les emporte, et puis il ne veut pas les payer.

L'EXEMPT. C'est ce que nous verrons.

(*Il lui met la main au collet.*)

JACQUES. Laissez-moi, je vais payer. Si jamais on me prend à faire des plaintes, je veux bien être pendu.

BEAU.

La scène se passe dans un salon de campagne,
chez M. Derville.

PERSONNAGES.

M. DERVILLE.
Mme DERVILLE.
ANDRÉ,
HENRIETTE, } LEURS ENFANTS.
GASTON DE SAINT-FIRMIN.
UNE MARCHANDE A LA TOILETTE.

SCÈNE PREMIÈRE.

M. DERVILLE, ANDRÉ.

M. DERVILLE. Sais-tu, mon cher André, que le jeune homme que tu m'as
présenté hier ne me va guère?

ANDRÉ. Ah! papa, c'est un charmant
jeune homme!

M. DERVILLE. Est-ce un bon élève?

5

ANDRÉ. Il a beaucoup d'esprit.

M. DERVILLE. Alors, c'est un bon élève.

ANDRÉ. Il a de charmantes manières.

M. DERVILLE. J'ai vu qu'il avait des manières, et les jeunes gens prennent très-souvent ces manières pour les bonnes. C'est tout le contraire.

ANDRÉ. Comment, le contraire?

M. DERVILLE. Mais, mon fils, un homme qui a de bonnes manières n'a pas ce qu'on appelle des manières. Il est simple, poli, bienveillant, aimable; un homme qui a ces qualités a toujours de bonnes manières. Mais les manières sont des grimaces quand on ne possède pas les qualités qu'elles singent.

ANDRÉ. Mais, papa! je ne comprends pas.

M. DERVILLE. Tu ne comprends pas qu'un salut impertinent n'est pas une politesse?

ANDRÉ. Oh! si.

M. DERVILLE. Eh bien! mon fils, il y a une foule de circonstances où c'est ainsi. Quand on est bon, bienveillant, obligeant, et qu'on a vécu dans la bonne

compagnie, on a toujours de bonnes
manières : les airs gâtent les manières.

SCÈNE II.

LES PRÉCÉDENTS, Mme DERVILLE,
HENRIETTE.

Mme DERVILLE. Messieurs, je vous avais
fait prévenir que le déjeuner était servi.

M. DERVILLE. J'ai fait prévenir M. Gaston ; il s'habille.

Mme DERVILLE. Se pare-t-il pour le déjeuner?

HENRIETTE. Alors j'aurai honte de mon
négligé. Sais-tu, mon cher André, que
ton ami est un *beau*?

ANDRÉ. Mais, à peu près.

Mme DERVILLE. Alors, c'est un sot. Un
jeune homme doit avoir un noble but
dans la vie ; et celui qui n'a que celui de
parader doit être rangé au nombre des
colifichets auxquels il attache tant d'importance, et qui font tout son mérite.

SCÈNE III.

LES PRÉCÉDENTS, GASTON. (Il est mis avec
une grande négligence, et cependant une grande
affectation), puis Mme PAUL.

GASTON. Mesdames, j'ai l'honneur de
vous souhaiter le bonjour ! Monsieur, je
suis votre très-humble serviteur. Bonjour, mon cher! (*Il tend la main à André.*)
Je vous demande pardon, Mesdames, de
me présenter ainsi vêtu, mais au château de mon père on ne s'habille que
pour le dîner.

M. DERVILLE. Ces dames vous excuse-
ront.

GASTON. Madame, n'admirez-vous pas
la bonté de mon adorable mère? elle
m'a fait broder ces chemises.

Mme DERVILLE. Elles sont fort jolies.

GASTON. J'ai inventé ce gilet. N'est-il
pas gracieux?

M. DERVILLE. Je vous fais mon compli-
ment, vous avez beaucoup d'imagina-
tion; moi, je n'ai jamais inventé une

seule mode, c'est l'affaire de mon tail-
leur.

GASTON. Mais non, Monsieur, ces gens-
là n'inventent rien. Madame, daignez
remarquer ma chaîne.

Mme DERVILLE (*avec ironie*). Elle est
charmante! et puis vous portez si parfaitement ces jolies choses. Votre maman est bienheureuse d'avoir un fils si
élégant.

GASTON. Oh! maman attend avec im-
patience que j'aie quitté le collége; alors
elle me donnera les mille petits riens
qui font l'homme comme il faut.

M. DERVILLE. Dites plutôt, Monsieur,
comme il ne faudrait pas. Un homme à
petits riens, vous appelez cela un
homme!

UN DOMESTIQUE. Madame, voilà madame Paul qui veut vous parler.

Mme DERVILLE. Faites entrer.

Mme PAUL. Madame, je viens vous prévenir que les chemises que vous vouliez
pour lundi ne peuvent être prêtes que
pour samedi.

Je voulais aussi savoir si vous persistiez dans le choix que vous avez fait pour vos coiffes de nuit. Je ne puis m'empêcher de vous faire remarquer que sans broderies, c'est trop simple.

Mme DERVILLE. Je persiste.

Mme PAUL. Cela suffit. (*Elle regarde Gaston.*) Ah! mais, monsieur, vous ne me reconnaissez pas? mais moi je vous reconnais ; c'est vous qui avez acheté cette chemise et ce gilet chez moi, de la part de votre mère madame de Saint-Firmin.

GASTON. Madame, je n'ai pas l'honneur...

Mme PAUL. Non, Monsieur, vous n'avez pas l'honneur, moi, je ressemble à tout le monde; mais un beau de votre espèce, ça n'est pas commun, grâce au ciel.

GASTON. Mais, Madame...

Mme PAUL. Madame votre mère ne veut pas payer; elle a fait prévenir tous ses fournisseurs; moi, je l'ignorais. Je ne m'imaginais pas qu'à votre âge vous fissiez des dettes. Quand serai-je payé, comment le serai-je?

GASTON. Par moi, Madame.

Mme PAUL. Votre mère affirme qu'elle ne vous donnera pas d'argent; elle veut pour fils un homme laborieux, estimable, et non un *beau.*

GASTON. Madame, vous abusez...

Mme PAUL. Mais non, Monsieur, c'est vous qui m'avez abusée. Ah! mais, vous avez une montre. (*Elle saisit la montre par la chaîne.*)

GASTON. Madame! madame!

Mme PAUL. Ah! je suis volée, c'est une montre de cinq sous!

GASTON. (*Il s'enfuit.*) Ah! je suis au désespoir!

Mme DERVILLE. Pauvre garçon! si cette dure leçon pouvait le corriger!

ANDRÉ. C'est désolant!

Mme PAUL. Oui, c'est désolant! je ne pourrai me faire payer.

M. DERVILLE. J'espère, mon cher André, que maintenant tu préféreras un jeune homme laborieux à un *beau.*

ANDRÉ. Oh! oui, papa.

HENRIETTE. C'est ridicule un beau! si ridicule, que j'avais oublié le déjeuner.

Mme DERVILLE. Allons réparer cet oubli

CORBEAU.

La scène représente une forêt. Une cabane
à droite.

PERSONNAGES.

LE ROI.
UN CHAMBELLAN.
UN COURTISAN.
UN MINISTRE.
UN SAGE.
DES JEUNES FILLES.
DES CHASSEURS.
FOULE DE COURTISANS.

SCÈNE PREMIÈRE.

JEUNES FILLES, UN CHASSEUR.

(*On entend donner du cor.*)

1re JEUNE FILLE. Ah! c'est la chasse du
roi; je reconnais le son du cor.

2e FILLE. Connais-tu le roi?

1re FILLE. Non; mais je connais son
chasseur. Justement, le voici.

UN CHASSEUR. Mesdemoiselles, je devance d'une minute le roi ; je viens chercher le sage de la forêt.

2ᵉ FILLE. Voilà sa cabane.

1ʳᵉ FILLE. Que voulez-vous au sage?

UN CHASSEUR. Le roi a entendu parler d'un corbeau merveilleux.

1ʳᵉ FILLE. Le corbeau qui doit appartenir au vainqueur des vainqueurs.

(*On sonne du cor. La cour entre.*)

SCÈNE II.

LES PRÉCÉDENTS, LE ROI, COURTISANS, LE CHAMBELLAN.

LE CHAMBELLAN. Sire, c'est ici, voici sa cabane.

LE ROI. La sagesse de cet homme l'a, dit-on, rendu célèbre, et voilà son palais !

LE CHAMBELLAN. Tous ces sages sont des fous, plus ou moins dangereux !

LE ROI. Je veux le voir.

UN COURTISAN. Il est bien heureux, sire, d'avoir attiré votre attention.

5.

LE ROI. Jeunes filles, connaissez-vous le solitaire qui habite cette cabane?

UNE JEUNE FILLE. Oui, Monseigneur. Oh! c'est un digne homme, et son corbeau est sorcier.

LE ROI. Quel sortilége fait-il?

UNE JEUNE FILLE. Il vous dit votre présent, votre passé, votre avenir.

LE ROI. Ce corbeau parle donc?

UNE JEUNE FILLE. Oh! oui! mais à l'oreille du solitaire.

LE ROI. Est-ce que le solitaire ne vous a pas dit que ce corbeau n'appartiendrait qu'au roi vainqueur des vainqueurs?

LA JEUNE FILLE. Oh! si! et il dit encore que ce roi serait le plus grand roi du monde.

UN COURTISAN. Sire, il doit vous appartenir.

LE ROI. Beaucoup de gens n'ont-ils pas essayé d'avoir ce corbeau?

LA JEUNE FILLE. Oh! il est venu des rois, des généraux; mais le solitaire a refusé. Il disait que ce n'étaient pas les vainqueurs du vainqueur.

UN CHAMBELLAN. C'est à vous, sire, qu'il est destiné.

LE ROI. Je l'espère.

SCÈNE III.

LES PRÉCÉDENTS, LE SOLITAIRE.

LE ROI. Solitaire, tu es un sage, et ton corbeau est devin, m'a-t-on dit?

LE SOLITAIRE. Oui, sire.

LE ROI. On dit qu'il doit appartenir au vainqueur des vainqueurs. J'ai vaincu des rois jusqu'ici invincibles : je viens le réclamer.

LE SOLITAIRE. Si vous l'aviez conquis, vous le posséderiez déjà.

LE ROI. Solitaire, tu es bien hardi de me le refuser.

LE SOLITAIRE. Ce n'est pas moi, sire, qui vous le refuse ; l'oracle a parlé.

TOUS LES COURTISANS. Insolent! taisez-vous.

LE ROI. Laissez-le parler. Qu'a dit l'oracle?

LE SOLITAIRE. Que ce corbeau devait appartenir au vainqueur des vainqueurs, et je connais un roi que vous n'avez jamais vaincu.

TOUS LES COURTISANS. Ce solitaire est un impie !

LE SOLITAIRE. En quoi ai-je offensé sa Majesté ?

TOUS LES COURTISANS. Le roi est le vainqueur des vainqueurs, le grand, l'invincible.

LE ROI. Tu sais comme Alexandre défit le nœud gordien : je puis agir ainsi. Si le corbeau ne vient pas à moi, j'irai à lui ; je le prendrai.

LE SOLITAIRE. Prendre n'est pas mériter.

LE ROI. Tais-toi, vieillard, tu m'irrites.

SCÈNE IV.

LES PRÉCÉDENTS, GARDES, UN BRA-
CONNIER.

LE ROI. Qu'est-ce cela?

UN GARDE. Sire, le cerf que vous chassiez a été tué par cet homme. Il mérite la mort.

LE ROI. Comment, misérable, tu as

osé? Ne connais-tu pas les lois sur la chasse?

UNE FEMME (*suivie de deux enfants entre précipitamment et se jette aux pieds du roi*). Sire, mon mari savait qu'il s'exposait à la mort, mais nous mourions de faim.

LE ROI. Il m'a ravi mon seul plaisir.

LA FEMME. Ce n'était pas du plaisir qu'il nous donnait, c'était la vie : il donnait la sienne pour nous la conserver. Ah! sire, pardonnez-lui; il nous aimait trop; il ne pouvait nous voir souffrir. Le punirez-vous d'avoir trop aimé sa femme et ses enfants?

LE ROI. Que dois-je faire?

LES COURTISANS. Punir cet insolent.

LES ENFANTS. Pardonnez à notre père! Sire, pardonnez!

LA FEMME. Sire, prenez pitié de nous! Ferez-vous deux orphelins?

TOUTES LES JEUNES FILLES. Sire, pardonnez!

LE ROI. Si je lui pardonnais sans assurer sa position, je l'exposerais à recommencer, et ce serait alors un double crime. Pour lui éviter ces fautes, je le fais garde-chasse, (*Au prisonnier.*) Je vous nourrirai : alors, vous ne détruirez pas mon gibier pour vivre.

LE BRACONNIER, SA FEMME ET SES EN-FANTS. Ah! Sire! quelle reconnaissance ne vous devons-nous pas!

LE BRACONNIER SEUL. Sire! je vous consacre cette vie que je vous dois.

LES JEUNES FILLES. Ah! le bon roi!

LE SOLITAIRE. Sire, vous êtes le vainqueur du vainqueur. Vous aviez vaincu des rois, mais vous étiez l'esclave de votre colère : vous l'avez vaincue, et maintenant vous êtes le plus grand roi du monde. En rentrant au palais, vous y trouverez mon corbeau.

LE ROI. Je comprends : il est souvent plus difficile de se vaincre soi-même que de gagner des batailles.

TOUS LES PERSONNAGES. Vive le roi!

FIN DE LA CHARADE.

LANGAGE.

CHARADE EN TROIS ACTES.

———

**Le premier : LENT. — Le second : GAGE.
Le tout : LANGAGE.**

LENT.

La scène se passe chez M. Simon. Le théâtre
représente un atelier.

PERSONNAGES :

M. SIMON, orfèvre.
Mme SIMON.
VICTOR, leur fils. Il parle lentement.
M. MARC. Lent dans les mouvements et la
    parole, il rit haut et de tout ce qu'il dit.

SCÈNE PREMIÈRE.

M. SIMON, puis VICTOR.

M. SIMON. Victor, Victor, viens vite.
VICTOR (*derrière la coulisse*). Oui,
papa !
M. SIMON (*continuant à travailler*).
Viens donc, je suis très-pressé.
VICTOR (*il attache ses souliers*). Oui,
papa !

M. SIMON. Va vite à l'hôtel de Provence,
tu vas demander M. Welker, tu lui re-
mettras cette plaque d'argent; c'est un
travail important pour lequel je me suis
donné de la peine ; mais il faut aller vite,
car s'il ne l'a pas à cinq heures précises,
il ne la prendra pas. Il part à cette
heure, et il est convenu que si pour ce
moment le travail n'est pas chez lui il
me le laisse pour compte. Tu comprends?

VICTOR (*lentement*). Oui, papa.

(*Il sort.*)

SCÈNE II.

M. SIMON, Mme SIMON.

Mme SIMON. Comment, mon ami, tu
n'es pas allé toi-même porter cet ouvrage? Victor est si lent!

M. SIMON. Oui, ma bonne amie ; mais
dans cette circonstance, il comprend
l'importance de sa promptitude; il a de
l'intelligence.

Mme SIMON. Mon Dieu, mon ami, toute
l'intelligence du monde ne corrige pas

dans un instant d'un défaut qui est entré dans nos habitudes.

M. SIMON. On ne se corrige pas, mais on l'abandonne pour une cause majeure et pour un moment.

Mme SIMON. Hélas! je crains que non.

SCÈNE III.

LES PRÉCÉDENTS, M. MARC.

M. MARC (*très-lentement*). Bonjour, M. Simon ; je suis votre serviteur, Mme Simon. Je me suis chargé de vous remettre une lettre fort importante. Ah ! voyons (*il cherche dans ses poches*). Vraiment, je l'ai oubliée;... je vais aller la chercher;... je l'aurai laissée à mon hôtel. Mais, permettez : il faut avant tout que je prenne haleine.

Mme SIMON. Donnez-vous la peine de vous asseoir.

M. MARC. (*Il s'assied et prend du tabac.*) La récolte a très-bonne apparence! les terres sont grasses, mais j'ai peur que le blé pousse trop en herbe.

M. SIMON. Ce serait fâcheux! Vous disiez que cette lettre?

M. MARC. Est importante. Le temps est lourd; il y a de gros nuages blancs qui me semblent présager une ondée de ces pluies à larges gouttes. (*Il rit.*) Hein! hein!

Mme SIMON. Et cette lettre?

M. MARC. J'ai promis de vous la remettre en mains propres. Vous les avez toujours propres. (*Il rit.*) Hein! hein! hein!

M. SIMON. Mais si vous ne l'avez pas?

M. MARC. Je dois l'avoir. Avez-vous des nouvelles de la vigne? On dit qu'elle a souffert; mais on dit cela tous les ans. Au reste, il n'a pas gelé dans le Midi, et j'aime mieux le vin du Midi que celui de Bourgogne.

Mme SIMON. Où croyez-vous avoir mis cette lettre?

M. MARC. Oh! sûrement en sûreté.

Mme SIMON. Vous ne vous rappelez pas où vous l'avez mise?

M. MARC. Avec un petit effort de mémoire, cela me reviendra.

M. SIMON. Mais vous savez qui vous l'a remise?

M. MARC. Pardi ! Ah ! voilà le soleil qui brille, cela me réjouit. J'avais peur de cette grosse pluie. (*Il rit.*) Hein ! hein ! hein !

Mᵐᵉ SIMON. Nous connaissons la personne qui vous a donné cette lettre?

M. MARC. Si vous la connaissez, je le crois bien ! et moi aussi.

Mᵐᵉ SIMON. Et l'on vous a bien recommandé cette lettre ?

M. MARC. C'est votre ami M. Bastien. Il m'a dit que de cette lettre dépendait votre avenir.

Mᵐᵉ SIMON. Et vous égarez une lettre de cette importance ?

M. MARC. Pas du tout; je me rappelle, je l'ai mise là sur ma poitrine. Je vais la chercher.

M. SIMON. De qui donc parle M. Bastien?

M. MARC. De votre oncle; cet oncle qui était fâché avec vous.

Mᵐᵉ SIMON. Mon oncle ! Eh bien ?

M. MARC. Il se meurt; il veut vous voir pour faire son testament.

M. SIMON. Ah! mon pauvre oncle! il se meurt, dites-vous? Pourquoi n'avez-vous pas commencé par me dire cela, je serais déjà près de lui?

M. MARC. Hé! hé! vous êtes vif, mon cher Monsieur.

Mme SIMON. Ah! Monsieur, je meurs d'envie de voir cette lettre.

M. MARC (*donne la lettre*). Tenez, la voilà.

M. SIMON. (*Il lit tout bas.*) Ah! mon Dieu! j'arriverai trop tard; vous avez cette lettre depuis midi, il est cinq heures, et mon oncle se mourait.

M. MARC. Je suis parti aussitôt, mais je suis un peu *lent*.

SCÈNE IV.

LES PRÉCÉDENTS, UNE DOMESTIQUE.

LA DOMESTIQUE. Monsieur, pourquoi n'êtes-vous pas venu? votre oncle est mort sans testament : il vous attendait pour le faire en votre faveur.

M. SIMON *à M. Marc.* Monsieur, vous m'avez ruiné.

M. MARC. Je ne me chargerai plus de commissions, on ne recueille que des désagréments. (*Il sort.*)

Mᵐᵉ SIMON. Quel malheur! Oh! quel malheur!

SCÈNE V.

M. SIMON, Mᵐᵉ SIMON, VICTOR.

VICTOR. Le monsieur était parti. Voilà un billet qu'il a laissé.

M. SIMON (*lit tout haut*) : Monsieur, il est cinq heures vingt-cinq minutes; les maîtres de l'hôtel signent en témoignage de la vérité de mon assertion. Je ne puis attendre une minute de plus, et, suivant nos conventions, je vous laisse votre travail pour compte.

Oh! mon Dieu! mon malheur est complet! Que ceci te serve de leçon, mon fils, car c'est ta lenteur qui est cause de ce qui m'arrive.

VICTOR. Je vous promets, mon père, de ne plus être lent à l'avenir.

GAGE.

La scène se passe à Syracuse, dans le palais
du roi.

PERSONNAGES :

DENIS, roi de Syracuse.
PYTHIAS.
DAMON.
COURTISANS.
GARDES.

SCÈNE PREMIÈRE.

DENIS, COURTISANS, GARDES.

DENIS *à ses courtisans*. Vous dites que
ce philosophe Damon a un ami vrai dans
Pythias?

UN COURTISAN. J'ai beaucoup entendu
parler de cette grande amitié, mais je
ne crois qu'au dévouement qu'un sujet
peut avoir pour son roi; je ne comprends

pas un autre sentiment; celui-là m'absorbe.

DENIS. Ah! c'est votre seul sentiment. Je me défie des gens qui n'ont qu'un sentiment.

SCÈNE II.

LES PRÉCÉDENTS, UN GARDE.

LE GARDE. Seigneur, le condamné Damon demande à vous parler.

DENIS. Faites entrer.

SCÈNE III.

LES PRÉCÉDENTS, DAMON, PYTHIAS.

DAMON. Seigneur, avant de quitter la vie, je voudrais aller faire mes adieux à ma mère ; elle demeure à quelques stades d'ici. Je serai de retour pour la sixième heure : c'est celle que tu as fixée pour mon supplice.

DENIS. Qui me répondra de ton retour?

PYTHIAS. Moi, Denis, si à la sixième

6

heure Damon n'est pas de retour, je mourrai à sa place. Ce gage est-il assez fort?

DENIS. Vie pour vie : oui, j'accepte ce gage. Damon, tu peux partir; mais tu me connais, je n'attendrai pas une minute.

DAMON. Ne crains rien. (*Il serre la main de Pythias et sort.*)

DENIS *à Pythias*. Reste avec nous, tu vas t'amuser en attendant la mort.

PYTHIAS. Je pourrais m'amuser si j'attendais la mort; mais hélas! c'est celle de mon ami qui va frapper!

DENIS. Tu ne crains pas que Damon profite de sa liberté?

PYTHIAS. Je voudrais pouvoir l'espérer.

DENIS. Quoi! si ton ami perfide ne revenait pas, tu ne lui en voudrais pas?

PYTHIAS. Ne serais-je pas certain qu'il a été retenu de force : il voudrait donner sa vie pour moi, et ne voudrait pas recevoir la mienne.

DENIS. Rien n'ébranlerait ta confiance?

PYTHIAS. Mais.il t'a donné un gage plus fort que celui que je t'offre.

DENIS. Quel est le gage plus fort que la vie?

PYTHIAS. L'honneur!

DENIS. Nous verrons (*A ses courtisans.*) Faites venir des chanteurs et des danseurs pour que le temps ne nous· paraisse pas trop long.

(*Des chanteurs chantent des morceaux en partie et des danseurs dansent des danses de caractère.*)

(*L'heure frappe.*)

DENIS. Eh bien! Pythias, voilà l'heure! que dis-tu?

PYTHIAS. Que je suis bien heureux! Fais-moi conduire au supplice.

DENIS. Que ta volonté soit faite.

(*Les gardes entourent Pythias.*)

DAMON. Arrêtez! me voilà.

PYTHIAS. Ah! cher Damon, vis pour ta mère! laisse-moi prendre ta place.

DAMON. Cruel! tu crois que je pourrais vivre quand je t'aurais sacrifié! mais l'existence serait pour moi un horrible supplice.

PYTHIAS. Et moi, grands Dieux! que ferais-je de la vie sans toi!

DENIS. Vivez tous deux! Votre amitié vaux mieux que le trône de Syracuse.

LANGAGE.

La scène se passe à l'hôtel de Mme de Saint-Phal.

PERSONNAGES.

LA COMTESSE DE SAINT-PHAL.
Mme SERVAIS, intendante de la comtesse.
JUSTINE, femme de chambre de la comtesse.
MARIE, laitière.
Mme DELBOIS, mère de Marie.

SCÈNE PREMIÈRE.

Mme DE SAINT-PHAL, JUSTINE.

Mme DE SAINT-PHAL. (*Elle est assise à une petite table et boit une tasse de lait.*) Justine, ce lait est détestable. Appelez Mme Servais.

JUSTINE *sonne, un domestique paraît; Justine dit :* Faites venir Mme Servais.

Mme DE SAINT-PHAL. Je ne puis conce-

6.

voir qu'on ne change pas cette laitière;
je me suis plainte déjà plusieurs fois.

JUSTINE. Ah! c'est la protégée de
Mme Servais.

Mme DE SAINT-PHAL. Qu'est-ce que cette
laitière?

JUSTINE. Dam! je ne sais pas! C'est
une jolie petite fille qu'a dénichée je ne
sais où Mme Servais.

Mme DE SAINT-PHAL. Mais cette petite
n'est pas la laitière; c'est la fille ou
peut-être la domestique de la laitière.

SCÈNE II.

LES PRÉCÉDENTES, Mme SERVAIS.

Mme DE SAINT-PHAL. Mme Servais, ne
vous a-t-on pas dit que je n'étais pas
contente du lait que vous me faisiez
servir?

Mme SERVAIS. Pardonnez-moi, Madame,
j'ai fait des reproches à la petite.

Mme DE SAINT-PHAL. Et qu'a-t-elle dit?

Mme SERVAIS. Elle a pleuré.

Mme DE SAINT-PHAL. Mais ce n'est pas

une réponse. Je veux de bon lait. Changez de laitière.

Mme SERVAIS. Ah! Madame! la pauvre petite, si vous l'entendiez, vous seriez étonnée et touchée de son langage.

Mme DE SAINT-PHAL. Cette petite est donc intéressante?

Mme SERVAIS. Oh! Madame! elle aime tant sa mère!

Mme DE SAINT-PHAL. **Quand** elle viendra, amenez-la-moi.

Mme SERVAIS. Mais voici l'heure où elle apporte le lait tous les matins; je vais aller la chercher. Oh! c'est une jolie enfant! bien élevée! *(Elle sort.)*

JUSTINE. Elle est charmante, Mme Servais; parce que cette petite l'intéresse, Madame doit avoir de mauvais lait!

Mme DE SAINT-PHAL. Mme Servais est très-bonne ou très-fausse.

JUSTINE. Pourquoi fausse? ou bonne?

Mme DE SAINT-PHAL. Si sa sollicitude pour cette petite est vraie, c'est bonté; si elle est feinte, c'est qu'elle trouve son intérêt dans l'emploi de cette laitière, alors ce serait de la fausseté.

SCÈNE III.

LES PRÉCÉDENTES, Mme SERVAIS, MARIE.

Mme SERVAIS. Madame, voilà Marie, la laitière, à qui vous vouliez parler.

Mme DE SAINT-PHAL. Ma chère enfant, quand on vous confia la fourniture de la maison, votre mère s'engagea à fournir de bon lait. Pendant lontemps elle a tenu à ses engagements; mais depuis plus d'une semaine, votre lait est détestable. Je ne vous accuse pas de mettre de l'eau.

MARIE. Oh! Madame, ce serait voler.

Mme DE SAINT-PHAL. Cependant il est mauvais.

MARIE. Je le sais bien.

Mme DE SAINT-PHAL. Alors, si vous le savez mauvais, vous trouverez tout simple que je vous retire la fourniture de la maison.

MARIE (*joignant les mains*). Oh! Madame, je vous supplie!...

Mme DE SAINT-PHAL. D'acheter de mauvais lait.

MARIE. Je sens bien que je demande une chose qui paraît déraisonnable; mais, Madame, si vous saviez!...

Mme DE SAINT-PHAL. Quel langage! Marie, qui vous a élevée?

MARIE. C'est ma mère! c'est à elle que je dois tout ce que je sais.

Mme DE SAINT-PHAL. Et que savez-vous?

MARIE. Oh! peu de chose! lire, écrire, calculer, broder, un peu d'histoire et de géographie.

Mme DE SAINT-PHAL. Votre mère vous a montré l'histoire et la géographie?

MARIE. Oui, Madame.

JUSTINE. Comment! est-ce que par hasard vous sauriez l'orthographe?

MARIE. Oh! ce n'est rien que l'orthographe, c'est la mémoire des lettres.

Mme DE SAINT-PHAL. Ce raisonnement..., ce langage!... Marie, pourquoi votre lait est-il mauvais?

MARIE. Oh! Madame, l'année a été mauvaise; maman n'a pas de bons fourrages. Mais le printemps va venir; j'irai conduire la vache dans les communs.

Mᵐᵉ DE SAINT-PHAL. Vous, Marie?

MARIE. Oh! oui, Madame; je n'ai ni
honte, ni crainte : c'est pour ma mère!

Mᵐᵉ DE SAINT-PHAL. Vous aimez bien
votre mère?

MARIE. Oh! si je l'aime!

Mᵐᵉ DE SAINT-PHAL. Marie, où est votre
mère?

MARIE. Au marché, Madame.

Mᵐᵉ DE SAINT-PHAL. Allez la chercher,
je veux lui parler.

MARIE. Dans une minute je suis de
retour.

(*Elle sort.*)

SCÈNE IV.

LES PRÉCÉDENTES , moins MARIE.

Mᵐᵉ DE SAINT-PHAL. Mᵐᵉ Servais, comment avez-vous connu cette petite?

Mᵐᵉ SERVAIS. Un jour, j'achetais du lait
à sa mère; il était excellent. Je m'ar-
rangeai pour la fourniture de la maison, et cette enfant vint le porter tous
les jours. Sa douceur, ses bonnes manières me gagnèrent le cœur, et quand

Madame s'est plainte du lait, je n'ai pu me décider à refuser celui que me portait cette enfant : elle était si touchante en disant : Que fera ma mère, Madame, si vous refusez son lait?

Mme DE SAINT-PHAL. Cette enfant n'est point une enfant ordinaire, et si sa mère veut me la céder, je l'adopte.

Mme SERVAIS. Oh ! si j'étais sa mère, je ne la céderais pas : c'est un trésor.

JUSTINE. Si je voulais adopter une enfant, j'en choisirais une plus jolie ; elle n'est pas belle !

Mme DE SAINT-PHAL. C'est surtout une belle âme qu'on doit désirer dans l'enfant qu'on veut élever. La beauté est plus souvent un danger qu'un bonheur.

SCÈNE V.

LES PRÉCÉDENTES, Mme DELBOIS, MARIE.

Mme DE SAINT-PHAL. Approchez, Mme Delbois, j'ai voulu faire votre connaissance. Votre enfant m'a vivement intéressée.

Je n'ai point d'enfants : voulez-vous me donner Marie ; je ferai sa fortune.

MARIE. Oh ! maman, je ne veux pas vous quitter !

Mme DE SAINT-PHAL. Près de moi, mon enfant, tu aurais tout ce que tu pourrais désirer : de belles toilettes, des fêtes, des promenades en voiture.

MARIE. Vous me dites ce que j'aurais, mais qu'aurait ma mère ? Elle serait seule.

Mme DE SAINT-PHAL. Je lui ferais une pension pour l'indemniser de ta perte.

MARIE. Et qui l'aimerait ! Oh ! Madame, vous êtes bien bonne, mais qui peut remplacer une mère ?

Mme DE SAINT-PHAL. C'est à vous, Mme Delbois, à décider votre enfant.

Mme DELBOIS. Je ne la déciderai pas. Je vous remercie, madame, de votre bienveillance, mais je garderai ma fille. J'espère qu'elle sera heureuse près de moi : ce n'est pas la fortune qui fait le bonheur, c'est le contentement du cœur, la paix de la conscience. Elle travaillera près de moi, et d'un travail dur et pénible, je le sais ; mais je sais aussi qu'un baiser de sa mère la dédommagera de ses peines.

Mme DE SAINT-PHAL. Quel langage ! Mme Delbois, vous n'êtes pas née dans la classe où je vous trouve : votre accent, votre physionomie, rien ne m'est étranger, et cependant je ne puis préciser mes souvenirs.

Mme DELBOIS. Mme de Saint-Phal a oublié Hermine de Vieilleville.

Mme DE SAINT-PHAL. Quoi ! il se pourrait... Ah ! oui, voilà ses yeux si doux. (*L'embrassant.*) Hermine ! que ne le disais-tu tout de suite ; je suis ta meilleure amie, ta chère Julie, et...

Mme DELBOIS. Le malheur rend timide.

Mme DE SAINT-PHAL. Mais comment cela s'est-il fait ? Tu étais mariée à un colonel, M. de Saint-Géran, je crois ?

Mme DELBOIS. Hélas ! je l'ai perdu après une longue maladie. Il n'avait pas trente ans de service : je n'eus point de pension. Il ne me restait qu'un jardin et un verger : je vins ici les faire valoir ; mais je changeai de nom et de costume. Vous savez le reste.

Mᵐᵉ DE SAINT-PHAL. J'espère, Hermine, que tu ne repousseras pas ton amie ; je n'ai pas de parents, je suis seule ; viens avec ta charmante enfant habiter mon hôtel, et nous n'en ferons pas moins valoir ton jardin et ton verger.

Mᵐᵉ DELBOIS. Je puis accepter, mon cœur est assez grand pour ne pas craindre la reconnaissance.

MARIE. Oh ! quel bonheur ! j'aurai deux mamans à aimer.

Mᵐᵉ SERVAIS. Oh ! que je suis contente d'avoir conservé ma laitière !

JUSTINE. Il y a vraiment de quoi ! son lait ne valait rien !

Mᵐᵉ DE SAINT-PHAL. Quel bonheur qu'elle ait eu ce langage simple et touchant, qui attire le cœur et fait naître le plus vif intérêt !

MARIE. Que vous êtes bonne ! et que je vais être heureuse !

FIN DE LA CHARADE.

DEUXIÈME PARTIE.

—◦◦—

PLANS DE CHARADES.

(Le dialogue doit être improvisé.)

———

Quand le directeur a donné le mot de la charade, il en esquisse le plan général, indique les diverses scènes, et trace par conséquent la voie au dialogue que les acteurs doivent improviser. Mais tout en improvisant, il est essentiel qu'ils ne s'écartent pas du mot et du sens convenus, sans cela ce genre d'exercice perd son sel; il n'y a plus de charade.

COURAGE.

CHARADE EN TROIS ACTES.

———

Le premier : COUP.

Un village breton. — Une vieille femme file sur le
seuil de sa porte. — Un petit garçon et une
petite fille font des bouquets assis près d'elle.

La vieille : Je file pour oublier ma peine ;
notre pauvre garçon est à la guerre et je ne
puis penser qu'à lui. — *Le petit garçon* : Maman, bonne maman, ne te chagrine pas ;
il reviendra bientôt ; la guerre va finir, j'ai
entendu dire cela. — *La vieille* : Pauvres enfants ! on sait quand la guerre commence,
mais on ne peut savoir quand elle finira.
— *La petite fille* : Vous vous trompez, grand'
mère ; excepté le bon Dieu, tout ce qui
commence a une fin. (*On entend sonner*

les cloches.) — *La vieille :* Qu'est-ce cela?
(*Elle se lève. Les enfants jettent leurs bouquets. On entend chanter au loin.*) Quels sont
ces airs de fête? (*Des villageois entrent en
criant*) : Vive la paix! la paix est faite! vive
la paix! — *La vieille :* Racontez-moi cela;
est-ce bien vrai, au moins? — *Un villageois :* Oui, mère Yvonne, c'est bien vrai!
et voici justement M. le maire, qui va
nous donner des nouvelles. — *Le maire, en
écharpe (tout le monde l'entoure) :* Au nom
de l'Empereur, je vous annonce que la paix
est faite. — *Tous les villageois :* Vive l'Empereur! — *La vieille :* Ah! mon pauvre
Jean, je te reverrai donc encore avant de
mourir! c'est tout ce que je demandais au
bon Dieu. — *La petite fille :* Grand'mère,
vous le verrez et vous vivrez bien longtemps; nous vous aimerons tant que le bon
Dieu ne voudra pas vous séparer de nous.
(*On entend un coup de canon.*) — *La vieille
(au maire) :* — Qu'est-ce que ce *coup* de
canon nous annonce? — *Le maire :* Le dé-
part de l'estafette qui doit me remettre
la proclamation de l'Empereur; il a dû aller
d'abord à Brest; mais en passant il m'avait
annoncé officiellement la nouvelle. — *La
vieille :* C'est étrange; ce *coup* m'a saisie;
mon cœur bat, et je ne puis respirer. — *Le*

maire : Du calme, mère Yvonne. — *La
vieille* : Si mon fils était mort!... je ne
pourrais résister à la douleur, voyez-vous!...
(*On entend un autre coup de canon.*) Encore un coup! Monsieur le maire, vous me
cachez quelque chose; mon fils... mon
Jean est blessé! mort! parlez... je vous en
prie, vous me faites mourir..... — *Le maire :*
Mère Yvonne, votre Jean est un brave qui
fait honneur au pays. L'Empereur l'a décoré de sa main sur le champ de bataille;
vous le verrez bientôt. (*On entend le tambour.*) — *Tous les villageois :* Voilà l'estafette. — *Le maire :* Et tenez, regardez cet
officier décoré qui m'apporte la proclamation de l'Empereur. — *L'estafette (se jetant
au cou de la vieille) :* Ma bonne mère! — *La
vieille :* Mon fils! mon Jean! embrasse-moi
encore. — (*Tous les villageois*) : Vive l'Empereur! vive la paix !

Le second : RAGE.

Intérieur d'une cuisine d'auberge. — La maîtresse
et sa servante sont occupées à ranger les usten-
siles.

La maîtresse : Pourvu qu'il n'arrive plus
personne; car il ne reste dans la maison

qu'un pauvre petit gigot de mouton, si petit ! si petit ! — *La servante :* C'est vrai, et pas un dessert. (*On frappe.*) — *Un voyageur :* Vite à souper. — A vos ordres, monsieur. — Qu'avez-vous ? — Tout ce que vous voudrez. — Un poulet ? — Ah ! un poulet ; on a mangé le dernier à dîner. — Eh bien ! un canard. — Non ; avant-hier, nous avons donné une couple de canards magnifiques au duc de Bellechasse. — Eh bien ! un morceau de veau. — Nous n'en avons plus. — Alors servez-moi une omelette. — Je le veux bien, monsieur, mais peut-être monsieur aime-t-il les œufs frais ; ceux que nous avons sont sous la poule depuis huit jours. — Ah ! l'horreur ; vous m'offrez des œufs couvés ! mais vous n'avez donc rien ? — Si, monsieur, nous avons un gigot. — Il fallait le dire ; faites-le cuire vite. — Ah ! monsieur, il est tout cuit. — Eh bien ! servez vite, je suis mort de faim (*On sert le gigot ; on frappe.*) — *Un voyageur :* Vite à souper, je meurs de faim. — Nous n'avons rien, monsieur, que ce gigot, qui est servi pour monsieur. — *Le premier voyageur :* Monsieur, je vous prie de souper avec moi ; quelque petit que soit ce gigot, je présume que deux peuvent se le partager. — *Le second voyageur se met à table ; il prend vite*

une tranche, qu'il dévore, puis une seconde,
puis une troisième. — Le premier voyageur
(à part) : A ce compte-là, moi je ne soupe-
rais pas : halte-là, mon ami. (Il fait une contorsion et une grimace. Le second voyageur le
regarde avec étonnement) : Monsieur, qu'a-
vez-vous donc? — Rien. Il y a un mois, un
petit chien noir, un joli petit chien, m'a
mordu, et depuis, de temps en temps... (Il
fait une grande contorsion.) Mais ce n'est
rien. (Depuis le commencement de la conversation, le second voyageur n'a pas mangé. Il
se lève en disant) : J'ai soupé. (Le premier
voyageur continue à manger; l'hôtesse se lève
pour fuir; la bonne se tient près de la porte;
sa maîtresse lui parle bas; elle sort et revient
avec un médecin.) — Le médecin (de la porte) :
Monsieur, avez-vous fait cautériser votre
blessure ? (Le voyageur se lève et s'approche; tout le monde s'éloigne. — Le médecin :
Parlez de là, monsieur. — Monsieur, je
n'aime pas parler de loin. (Il fait une grimace, tout le monde crie.) — Le voyageur
(riant) : Vous pouvez approcher; je n'avais
pas une attaque de rage, mais une attaque
de faim. J'ai mangé; n'ayez pas peur, au-
cun chien ne m'a mordu; j'ai voulu effrayer ce monsieur, qui allait manger le
gigot à lui tout seul.

7.

Le tout : COURAGE.

Dévouement d'Eustache de Saint-Pierre.

*Les notables de la ville de Calais sont as-
semblés. Le chef prend la parole :* Quelle réponse va faire Édouard ? — Il doit rendre
hommage à notre courage. — Non. — Il en
est irrité. *Un messager paraît :* — Parlez, *lui
crie-t-on.* — Le roi fait grâce de la vie à
tous les habitants, à condition que six des
notables de la ville, pieds nus, la corde au
cou, lui portent les clefs de Calais ; ils seront pendus ensuite aux créneaux de la
ville. — Horreur, *s'écrie tout le monde,*
mieux vaut mourir en combattant. — Non,
dit Eustache de Saint-Pierre, il vaut mieux
que six hommes périssent que toute une
ville ; je m'offre le premier ; que ceux qui
se sentent du courage m'imitent. (*A l'instant
cinq autres se présentent :* — Allons nous
préparer. *Au messager :* — Allez prévenir le
roi. (*On sort par une porte, on sonne une
fanfare et le roi paraît entouré de sa cour. Les
courtisans :* — Sire, vous êtes trop bon ! cette
ville rebelle méritait d'être passée au fil de
l'épée. — *Édouard :* Certes, je suis modéré ;
mais on accuse toujours les rois, et il se

trouvera des gens pour m'appeler cruel. (*La reine arrive, suivie de ses dames ; elle se jette aux pieds du roi : —* Sire, vous êtes victorieux ; pourquoi vous faites-vous l'esclave de votre colère ? Je viens d'apprendre... — Relevez-vous, madame, (*Les prisonniers paraissent ; le roi ordonne qu'on les mène au supplice. —* Arrêtez, *dit la reine.* Sire, ne ternissez pas votre gloire ; soyez généreux. — *Le roi :* Cessez, madame ! — *Toutes les dames :* Sire, pardon ! — *La reine :* Oh ! sire, admirez le courage de ces braves gens ; ils ne tremblent pas ; ils viennent là tout simplement offrir leurs vies pour leurs concitoyens ; serez-vous plus grand, plus puissant, plus honoré, quand six hommes, pleins de courage et de patriotisme, seront au nombre des victimes de la vengeance, de la force, qui s'irrite de n'avoir pas vaincu au premier instant ? Leur mort attesterait la violence de votre colère ; votre clémence vous ferait aussi grand qu'eux. — *Le roi :* Reine, vous avez vaincu. (*A Eustache de Saint-Pierre.*) Retournez vers vos concitoyens, et que le nom d'Eustache de Saint-Pierre vive à jamais, entouré de gloire et d'honneur. — (*Toute la cour :* Vive le roi !

VILLAGE.

CHARADE EN TROIS ACTES.

Le premier : VILLE.

Un salon à Paris. — Une jeune paysanne. — Sa
maîtresse. — Une femme de chambre.

La maîtresse : Eh bien! Nanette, que dis-
tu de la ville? — Que ça me déplaît. —
Vraiment! — Vraiment, oui, et puis qu'on
étouffe, gnia pas d'air, et puis qu'on ne
s'occupe qu'à frotter des planchers ou des
meubles. On travaille sans rien produire,
j'aime pas ça! — Tu aimes mieux la campagne? — Ça se demande-ty! Les oiseaux
vous annoncent le jour; le soleil dore la
campagne; tout est gai, tout est beau! (*La
dame sort.*) — Allons, *dit la femme de chambre*, je vais te coiffer pour aller à la noce.

Voyons. — Mais ma cornette est bien gentille. — Oui, mais tu es ma cousine, et je veux que tu sois parée. — Pour te faire honneur. — Ça, c'est vrai. A la ville on ne se connaît pas, on fait cas d'un chapeau, d'un bonnet, d'un châle. A la campagne, c'est vous dont on fait cas, parce qu'on vous connaît. (*On commence à la coiffer.*) — Ah ! mais je ne réussis pas, *dit la femme de chambre,* reste tranquille, je vais chercher le coiffeur. *Un porteur d'eau :* Mamz'elle, v'là l'eau, ouvrez-moi la cuisine. (*Pendant qu'elle va dans la cuisine, un homme entre doucement, prend la montre qui est au porte-montre et s'enfuit.*) — Adieu, mamz'elle, *dit le porteur d'eau.* — *Nanette :* Dieu ! que c'est ennuyeux d'attendre ainsi. — *Un épicier :* Voici les provisions qu'on a demandées. (*Elle les reçoit.*) — Voilà la note, *dit le garçon.* (*La femme de chambre revient avec le coiffeur, qui fait asseoir Nanette et commence à la coiffer.*) — *Nanette :* Mais, monsieur, vous me piquez ; ah ! monsieur, vous tirez trop. — C'est fini, *dit le coiffeur.* — Dieu ! que je suis laide, *dit Nanette.* (*La dame rentre, et va pour prendre sa montre.*) — Où est ma montre ? Nanette, l'as-tu touchée ? — Nenni, vraiment. — Je l'ai pourtant mise là. — Oui, je l'ai vue. — *La femme de chambre* : Est-il venu quelqu'un — Le porteur d'eau. — Oh ! c'est un homme sûr. — Le garçon épicier. — Voyons si j'ai mon compte. Mais, non; voilà sur la note deux livres de bougie, et il n'y en a pas de bougie. Comment cela se fait-il, Nanette, que vous n'ayez pas vérifié la note et que vous ayez laissé prendre la montre. — *Nanette* : Y me dit : voilà le compte; j'ai cru. Quant à la montre, je n'ai sorti qu'une minute pour le porteur d'eau, y fallait lui ouvrir la cuisine. Ah ! maudite ville, où l'on ne peut bouger sans être volé. — *Le portier*. Madame, avez-vous perdu quelque chose? Non! mais on vient de me voler ma montre. — *Le portier* : La voilà; j'ai arrêté un homme qui me semblait suspect; je l'ai fouillé, il emportait votre montre. — Ah ! mon Dieu, *dit Nanette*, je n'ai quitté que le tems d'ouvrir au porteur d'eau. — *Le garçon épicier revient* : Mademoiselle, vous n'avez pas vérifié la note, mais en rentrant j'ai retrouvé deux livres de bougie au fond de mon panier, et je vous les rapporte. — C'est égal, *dit Nanette, à la ville faut être bien en garde.* Je n'aime pas la ville.

———

Le second : AGE.

Chambre d'un château moyen âge. — Une princesse, — Une fée.

La princesse : Oh! mon Dieu! que je
m'ennuie! Quand j'étais enfant, je désirais
être grande, maintenant que je suis grande,
je m'ennuie davantage! (*La fée paraît.*).—
Zulma, vous vous ennuyez?—Oui, madame.
— Eh bien! je vais faire paraître tous les
âges de la vie, et puis vous choisirez.—Oh!
quel bonheur! je pourrai redevenir une
enfant de quatre ans. — Oui, Zulma. (*La
princesse s'assied du côté de la scène; la fée
donne un coup de baguette; deux enfants paraissent; elles dansent une polka, puis elles se
mettent au milieu de la scène.* — Regarde la
jolie marguerite; voyons si elle me dira
que tu m'aimes. — Laisse-moi l'effeuiller.
— Non, c'est à moi! — A moi, plutôt. *Une
des deux enfants commence :* Elle m'aime.—
Laisse-moi. — Non. — *La seconde arrache la
marguerite à celle qui la tenait; l'autre la reprend. Dans ce conflit, la fleur s'effeuille et
toutes deux crient à la fois :* Tu as cassé la
marguerite. (*Une bonne paraît, donne un
soufflet aux deux enfants qui sortent en pleu-*

rant.) La princesse : Mais elles ont vérita-
blement du chagrin ; on n'est pas trop heureux, enfant. (*Une jeune personne paraît :
elle a une guirlande de fleurs.*) — Dieu ! que
je suis mal coiffée ; ma robe me va horri-
blement ; j'ai grande envie de me mettre
en colère ; mais cela fait rougir le cou. Il
faut que j'y fasse attention. On chantera à
cette soirée, je chanterai mal, j'en suis sûre,
je ne suis pas en voix. (*Elle essaie de chanter et manque une roulade.*) Comme c'est mal !
(*La gouvernante paraît.*) — Mademoiselle,
madame vous fait prévenir que vous n'irez
pas au bal, elle a sa migraine, elle se couche. — Oh ! mon Dieu, comme c'est triste !
j'étais toute prête. — Fort bien ! mais vous
disiez en vous habillant, que vous crai-
gniez fort de vous ennuyer. — Mon Dieu,
c'est vrai ! il y a un moment j'aurais donné
beaucoup pour ne pas aller au bal, maintenant, je le regrette amèrement. (*Elle sort
en pleurant.*) — *La princesse :* Voilà une
jeune personne qui n'est point heureuse,
elle me ressemble. (*Une femme paraît ; elle
lit un mémoire.*) — Mon fils a fait toutes ces
dettes ! mais c'est affreux ! Comment le dire
à son père et comment payer ? (*Une domestique.*) — Madame, votre demoiselle vient
de tomber. — Ah ! mon Dieu ! est-elle bles-

sée ? — Hélas! on lui croit le bras cassé.
— Mon Dieu!... j'y cours; oh! quand on a
des enfants. on n'a pas un instant de repos. — *La princesse* : Mais toutes les femmes n'ont pas des chagrins aussi violents.
— Du plus au moins, c'est toujours à peu
près cela, *répond la fée.* (*Une vieille paraît,
elle tousse.*)— Dieu! *dit-elle,* que j'ai mal au
bras; le temps a changé, j'ai des rhumatis·
mes. — *La princesse* : Mais il n'y a pas
d'âge heureux. —Si, *répond la fée ;* tous les
âges ont leurs plaisirs et leurs peines ; mais
la raison aurait empêché les enfants de se
quereller, la jeune personne de se désoler,
et la vieille de se plaindre; la raison eût
même adouci les chagrins de la mère de
famille. Choisissez maintenant ; quel âge
voulez-vous avoir ? — Je veux rester à mon
âge, puisque la raison peut à tous les âges
faire trouver le bon côté des peines de la
vie.

Le tout ; VILLAGE.

Une place d'un village normand. — Le nouveau
seigneur. — Son intendant.

Le seigneur : As-tu fait savoir que j'étais,
moi, Nicolas Laluette, le seigneur de ce vil-

lage? — Oui, monseigneur. — Le curé
m'encensera à l'église? — Oui, monseigneur, et vous donnerez une riche offrande.
— On sonnera les cloches à mon arrivée?
— Oui, monseigneur, et vous payerez les
sonneurs. — On viendra me complimenter?
— Oui, monseigneur, et vous donnerez une
fête à tout le village. — Comment, bour-
reau, tu veux me ruiner? — Non, monseigneur; mais c'est toujours ainsi, les petits
ne reconnaissent que la supériorité qui leur
est utile, et les talents parce qu'ils leur
plaisent. Sans cela, le peuple fait plus de
cas d'un chiffonnier riche qui lui donne,
que d'un seigneur qui ne lui donne rien,
ou d'un astronome dont la science est pour
eux vaine et inutile.

Les villageois arrivent en criant : Vive
monseigneur! honneur à monseigneur! (*Ils
tendent tous la main.*) — Comment, vous
êtes donc tous des mendiants? — Non, monseigneur, nous vous faisons des honneurs;
au village comme à la ville on paye les gran-
deurs, les honneurs: Vive, vive monseigneur!
(*Le seigneur leur donne de l'argent.*) — Voici le
bailli et les notables. — *Le bailli :* Monseigneur (*Il prend une prise de tabac.*), quand
Agamemnon.... — Qu'était-ce que cet homme? — Le roi des rois qui faisaient le siége de

Troie. — En Champagne? — Non, monseigneur, dans la Troade, en Asie, il y deux
mille ans. — Vous êtes donc fou de me parler de ces gens-là; est-ce que je les connais? Le roi le plus ancien dont j'aie entendu parler, c'est Louis XVIII. — Monseigneur, permettez que je reprenne ma ha-
rangue. — Oui, à condition que vous ne
parlerez pas des vieux rois. — Eh bien!
monseigneur, puisque vous ne me permettez pas de dire toute les belles choses que
j'avais préparées, voici : Monseigneur, il
nous faut un hôpital, une école et une fontaine. Monseigneur, nous avons compté sur
vous, les grands ne sont grands, qu'en ren-
dant service aux petits. — *Le seigneur* : Ah!
mais, mais... je suis seigneur! — *Tous les
villageois :* Et nous vos humbles serviteurs,
mais on paye ses serviteurs. — *Le seigneur :*
C'est vrai ; amusez-vous donc, mes amis, et
que le village reste mon serviteur et je serai son bienfaiteur. — Vive le village! vive
le seigneur! (*On danse en rond autour du
seigneur.*

CHATEAU.

CHARADE EN TROIS ACTES.

Le premier : CHAT.

Un salon. — Une dame et ses trois filles travaillent
à différents ouvrages.

La dame : Je suis enchantée de la belle
journée que le bon Dieu nous a donnée ;
c'est aujourd'hui l'ouverture de la chasse,
j'espère qu'elle sera bonne et que Jules
nous apportera de quoi faire un excellent
dîner pour demain. — *L'aînée des jeunes filles* :
Maman, ne craignez-vous pas que le grand
air ne donne mal à la tête de mon frère ? —
La seconde, se levant : Si vous aviez voulu
me laisser prendre un fusil, maman, j'aurais suivi mon frère. — *La dame* : Que dites-
vous là, Émerygarde, vous faites mon dé-

sespoir avec vos airs amazones ; je les déteste même en peinture. — *La troisième* : Ah ! mon Dieu ! voilà la pluie ! maman, envoyez, je vous prie, un parapluie à mon frère. — *La seconde* : Un parapluie à un chasseur ! — *L'aînée* : Pourquoi pas ? la pluie mouille les chasseurs tout comme les autres. — *La seconde* : Mais ils ne doivent pas y faire attention. — *La dame* : J'entends du bruit. Ah ! c'est Jules ; il a fait bonne chasse. (*Jules entre habillé en chasseur ; il a l'air gauche et niais, il court à tout petits pas.* — Maman ! petite maman ! j'ai tué un gros lièvre. — *La dame* : Ah ! Dieu ! un lièvre ! — *Les trois jeunes filles* : Un lièvre ! — *La seconde* : Montre-nous ton lièvre. Il me semble que j'aurais eu du plaisir à l'ajuster. (*Elle met en joue.*) Pif ! paf ! (*Jules tourne lentement sa gibecière, l'ouvre avec de grandes précautions, puis en tire la bête.*) — Le ₍voilà ! — *Toutes à la fois* : Mais c'est un chat ! — *Jules* : Non, c'est de la couleur d'un chat, mais c'est un lièvre ! — *La seconde* : Tiens ! voilà la mère Michel. — *La mère Michel (elle est mise d'une façon ridicule)* : Madame ! votre fils est un brigand ! mon chat était tranquillement assis, se débarbouillant avec ses pattes ; il faisait comme-ci et puis comme-çà ; il était à croquer ! Ce monstre l'ajuste, paf ! et il

tombe pour ne plus se relever (*elle pleure*)!
hi! hi! hi! Dis-moi, barbare! que t'avait
fait mon chat? tu me le payeras, c'é-
tait toute ma joïe; pourras-tu me rendre
le bonheur si doux qu'il me donnait par ses
ronrons : hi! hi! hi! — *Jules* : Mais, madame, vous vous trompez. — *La mère Mi-*
chel (*en colère*) : Vous voudriez me dire...
Ah! il faut être bien osé! Mais voici le commissaire. — *Le commissaire, suivi de plu-*
sieurs exempts (*il bégaie*) : Au nom de l'Empereur, où est le... l... co.... co... corps
de délit? — *Jules* : Le voici, monsieur le
commissaire. — *Le commissaire* : Jeune
homme, on... on... ne doit pas... pas...
essayer de trom... trom... per la justice. Ce
n'est pas... pas... du gigi... bier, mais un
chat dodo... mestique. — *La dame* : Monsieur le commissaire, et vous, madame
Michel, je payerai ce qu'il faudra pour ce
chat; mais vous conviendrez qu'il a été tué
bien adroitement. (*A Jules.*) Console-toi,
mon Jules. Je te promets que tu seras un
petit Nemrod. — *Le commissaire* : Adieu,
ma... da... da... me. (*Tout le monde sort en*
en chantant) : *C'est la mère Michel qui a perdu*
son chat : elle demande en ville qui le lui
rendra, etc.

Le second : EAU.

Une caravane traverse les sables du désert.

Un voyageur : Je n'en peux plus ! — *Second voyageur* : Le beau pays que l'Afrique ! Des déserts, des sables ; un soleil brûlant, et pas d'eau ! — *Troisième voyageur* : Parlez-moi de Paris. (*Il imite le porteur d'eau.*) A l'eau ! qui veut de l'eau ! (*Toute la caravane.*) Ici ! A moi ! De l'eau ! de l'eau ! — *Une femme* : Vous pouvez plaisanter, monsieur, mais moi, je meurs de soif ! — *Un enfant*: Ah! maman, je t'en prie, donne-moi à boire ! — *La mère* : Pauvre petit ! je n'ai pas une goutte d'eau ; ma gourde est vide, Oh ! mon Dieu ! protégez-nous ! — *Deux soldats* (*ils arrivent en chantant*) : *Monsieur de la Palissse est mort , mort de maladie ; un quart d'heure avant sa mort, il était encore en vie*). — *Le second soldat* : Et pour ne pas mourir comme M. de la Palisse, je vais boire, car je meurs de soif ! (*Il prend sa gourde.*) — *La mère* (*lui arrêtant le bras*) : Oh! je vous en supplie, monsieur ! ne buvez pas ! — *Le soldat* : Pourquoi, madame ? — *La mère* : Monsieur... par pitié ! mon fils va mourir ! — *Le soldat* : Mais moi aussi, ma-

dame ! — *L'autre soldat* : C'est notre dernier
verre d'eau, donne-le, camarade. (*Le soldat
présente sa gourde.*) — *La mère* : Ah ! merci,
monsieur ! Vous faites plus que de me donner la vie ! — *Le premier soldat* : Quel est
donc ce bruit ? — *Deux hommes qui s'étaient
éloignés de la caravane* : A l'eau ! à l'eau !
(*Ils poussent un tonneau*) — *Tous* : Qu'est-ce
que cela ? — *Un des deux hommes* : Un vrai
miracle ! Quand ce soldat a donné sa dernière goutte d'eau, Dieu a eu pitié de nous,
et il a voulu récompenser le bon cœur de
ces militaires. J'ai vu là-bas quelque chose
qui brillait, je suis allé voir ce que c'était,
et j'ai vu une source couler au milieu de
cette plaine de sable. Mon camarade est re-
venu bien vite prendre un tonneau, et
maintenant, nous avons amplement de quoi
nous rafraîchir tous ! A la fraîche ! Qui
veut boire ? — *Tous sortent en criant* : Moi !
moi !

Le tout : CHATEAU.

Deux voyageurs.

Deux voyageurs: Quelle fatigue ! la nuit est
venue, où aller ? (*Un bûcheron chargé passe*).
Bonhomme, quelle est cette lumière ? — *Le*

bûcheron : Oh ! messieurs, ne le regardez
pas. — Pourquoi? — C'est la lumière du
château. — Eh bien ! justement, nous allons aller au château ; c'est tout près. —
Oh ! messieurs, ne vous hasardez pas ainsi.
— Mais pourquoi? — On y va, mais on n'en
revient jamais. — Par qui est-il donc habité? — Par des revenants. — Et d'où re-
viennent-ils. — *Le bûcheron (bas et en tremblant)* : De l'autre monde, monsieur ; ils re-
viennent vous tirer par les pieds, quand on
en parle , seulement. — Les as-tu vus? —
Miséricorde ! jamais! Mais voyez : il n'y a
personne dans ce château ; eh bien ! regardez cette lumière qui court follement à
toutes les fenêtres, c'est à mourir de peur !
— Non, mais c'est étrange! c'est habité certainement. Par qui? je l'ignore. — Nous
allons voir. — Oh! messeigneurs! laissez-
moi vos noms, car vous ne reviendrez jamais !... Oh ! n'y allez pas ! — Adieu, mon
bonhomme : nous sommes deux Français,
deux Bretons, et nous n'avons peur de
rien. Je suis le chevalier de Lorge. — Moi,
le comte de Visdelou. (*Ils lui donnent des ta-
blettes,*) — Si demain tu ne nous revois pas,
fais tes plaintes , et l'on prendra les revenants, s'ils nous ont pris. (*Le bûcheron s'en
va en tremblant , et ils entrent dans le châ-*

teau.) — Allumons d'abord notre lanterne; quand on doit voyager dans les bois, c'est d'utile précaution.— Ah! ce château a l'air abandonné; n'allons pas plus loin : cette salle est fermée, c'est tout ce qu'il faut pour passer la nuit.

Ils s'arrangent pour dormir. Au bout d'un moment, ils dorment. Alors un fantôme, avec des chaînes, vient devant eux et va pour les desarmer. Mais ils se réveillent, et l'un d'eux dit au fantôme : Je n'ai pas peur; mais, suppôt d'enfer, tu peux trembler ! — *Le revenant :* L'enfer m'enverra ses cohortes. (*Le revenant secoue ses chaînes, des revenants et des lutins paraissent de tous les côtés. Les voyageurs ont tiré leurs épées.*) — Nous n'avons pas peur; Dieu ne permet point aux ombres de troubler le repos des vivants. — Ne croyez pas nous effrayer; nous vendrons chèrement notre vie. — *Les revenants se parlent bas. Puis, le chef fait un geste, ils disparaissent. Le chef s'approche et dit :* Messieurs, vous êtes de braves gens; je ne voudrais pas vous faire de mal. Nous sommes de faux monnayeurs; notre fortune est faite; dans huit jours, nous quittons la France. Si vous voulez nous donner votre parole de nous garder le secret, nous vous laissons libres. Dans huit jours, vous pour-

rez parler, nous serons loin de la France.
— *Les deux voyageurs* : Nous le jurons !...
(*Le revenant s'en va.... et les voyageurs sor-*
tent du château.) — *Le bûcheron accou-*
rant : Oh! messeigneurs! vous n'êtes pas
défunts. — Non, mais nous l'avons échappé
belle. — Conseilleriez-vous à quelqu'un
d'aller au château. — A personne. — Je
vous le disais bien. — Et vous aviez raison ;
c'est un terrible château.

DISCOURS.

CHARADE EN TROIS ACTES.

Le premier : DIX.

La cour d'un seigneur au moyen âge : Seigneurs, Dames, Courtisans, deux Paysans.

Le seigneur : Vous ne m'amusez point aujourd'hui ! Rien de gai, de plaisant, ni dans votre esprit, ni dans vos costumes. — *Un courtisan* : Monseigneur, on vient de saisir deux manants qui traversaient vos domaines sans saufs-conduits. Peut-être que, plus heureux que nous, vous divertiraient-ils, et si vous vouliez... — *Le seigneur* : Amenez-les-moi. (*On amène deux paysans.*) — *Le seigneur* : Comment avez-vous eu l'audace de passer sur mes terres ? — *Le premier paysan (il est Breton et parle très-vite)* : Parce que

c'était mon chemin. — *Le seigneur* : Et toi?
— *Le second paysan (il est Normand et parle très-lentement)*: Min doux seigneur, je n'savions point que c'était défendu. — *Le seigneur* : Vous méritez tous les deux la mort! Cependant, je ferai grâce à l'un de vous. — *Les deux paysans ensemble* : A moi! — *Le seigneur* : A celui qui me dira le plus vite trois noms d'arbres. — *Le Normand* : Ah! j'ons l'esprit présent, dà! Chêne, frêne, ormeau! — *Le Breton (très-vite)* : Coudre, épine, houx! — *Le seigneur* : Parlez en français. — *Le Breton* : C'est du français : coudre, épine, houx. — *Le seigneur* : Coudre, c'est le coudrier sans doute? — *Le Breton* : Oui, monseigneur, mais dans mon pays, on l'appelle coudre. — *Le seigneur (au Normand)*: Je devrais te faire pendre, car chêne, frêne, ormeau, c'est long, traînant. — *Le Normand (avec finesse)* : Min doux seigneur n'aurait peut-être pas trouvé si vite le nom de trois espèces d'arbres! — *Le seigneur* : C'est vrai, tu as eu l'esprit présent en face du danger; tu mérites de vivre. Je vous fais grâce de la vie à tous deux, et vous entrerez dans mes gardes : allez. (*Ils sortent.*)
— *Le seigneur* : Ces deux manants m'ont fort réjoui! Aussi, je donnerai une bourse de mille pièces d'argent à celui qui me dira

8.

une suite de dix mots formant une phrase,
mais chacun de ces mots sera d'une seule
syllabe. — *Un courtisan* : Ainsi, c'est une
phrase composée de monosyllabes. — *Le
seigneur* : Précisément. — *Une dame* : Mais,
monseigneur, s'il n'y avait que neuf mots?
— *Le seigneur* : Il en manquerait un; de
même que s'il y en avait onze, il y en aurait un de trop. Mais, du reste, ne vous
plaignez pas, je donne une récompense à
celui qui trouvera ce que je demande, et je
n'inflige aucune punition à ceux qui ne
réussiront pas. Seulement, chaque personne
n'a qu'une fois à parler. — *Un courtisan* :
Un jour, l'or sera roi de la terre. — *Le seigneur* : Sera a deux syllabes, et terre aussi.
C'est dommage, cela n'était point mal.— *Un
autre courtisan* : Point mal! Il y a dix syllabes, mais il n'y a que sept mots. — *Le
premier courtisan* : A vous, mon maître! —
Le second courtisan : Le coing est un fruit
qui fait du mal. — *Tous les courtisans* : Ah!
— *Premier courtisan* : Il n'y a que neuf
mots! — *Le seigneur* (*comptant sur ses
doigts*): Le coing est un fruit qui fait du mal.
Neuf! mon cher! Il m'en faut dix! — *La
dame* : Le ciel est le but de la vie du saint.
— *Tous les courtisans* : Bravo! il y a dix
mots. — *Le seigneur* : C'est vrai! et la pen-

sée vaut mieux encore que les mots. (*Lui
présentant la bourse*) : Voilà dix mots, madame, qui ne sont certes pas assez payés.

Le second : COURS.

Un jeune homme : Petit-Jean; mes bottes !
— Mais les voilà, monsieur. — Je ne les
voyais pas; mon paletot; je crois que ma
lévite vaudrait mieux. — La voilà, monsieur. — Décidément j'aime mieux mon paletot; mes bretelles me gênent, mes bottes
me blessent, mon déjeuner me pèse sur
l'estomac; apportez-moi ma robe de chambre, je n'irai pas au cours. — Oui, monsieur, mais que dira votre papa? — Mais ce
cours m'ennuie; je suis malade. — C'est
différent. — *M. Delpart* (*entrant*) : Comment,
Alfred? — Je suis indisposé. — Tu as bonne
figure. — Ma figure est trompeuse alors. —
Et pour si peu de chose, tu manques le
cours. — Mais, mon Dieu ! mon père, c'est
peu important, le cours ! je n'y apprends
rien. — Ce n'est pas la faute du cours, c'est
la tienne. Tu le suis sans l'écouter ; que
peut-on faire à un être qui ne comprend pas
l'importance de la science ? tu seras sans

instruction, sans aucune valeur réelle ; tu
comptes sans doute sur celle de ton habit
ou sur celle de ton cheval ; mais cette valeur n'est rien du tout, ce n'est pas la
tienne, un rien peut te l'enlever ; que te
restera-t-il alors? — *Pauline :* Papa, viens,
maman veut te parler. — Que fais-tu là,
Alfred, avec ta robe de chambre? je te
croyais au cours de droit. — Je suis malade ! — Ah ! comme un enfant qui ne veut
pas aller à l'école. — Que ces plaisante-
ries sont de mauvais goût ! — *Madame Delpart :* Mon ami, voici une lettre de ton
frère, qui nous engage à une partie de pêche ; il l'a mise cette après-midi pour ne pas
priver Alfred du cours ; mais que fait-il là ?
— Il est malade. — Mais il a parfaitement
déjeuné ! — C'est égal, il est malade. —
Qu'as-tu, mon fils? — *M. Delpart :* La
crainte de se contrarier. Petit-Jean, faites
de la tisane à M. Alfred. — *Un ami d'Alfred :* Madame, monsieur, j'ai l'honneur de
vous souhaiter le bonjour ; votre serviteur,
mademoiselle. Eh bien ! Alfred, le cours a
été magnifique aujourd'hui ; le professeur
a été éloquent, et, vrai, c'était beau !
Quel beau talent que celui de la parole ! — Messieurs, vous êtes heureux d'apprécier cela ; mais mon malheureux fils a

mal à l'estomac, et vous savez que cette triste maladie rapetisse tellement l'homme, que les nobles idées, les grandes pensées lui deviennent étrangères. Il digère; c'est seulement un animal ruminant. — Comment, Alfred, je ne te savais pas cette infirmité? — *Alfred* : Mais un accident d'un jour n'est point une infirmité. — *Madame Delpart* : Alors, tu pourrais venir à la partie de pêche? — *Le jeune homme* : Une partie? — *Madame Delpart* : Mais oui, monsieur; si cela pouvait vous amuser, notre calèche a six places. — *M. Delpart* : Et nous ne sommes que cinq. — *Madame Delpart* : Comment? — *M. Delpart* : Alfred a été forcé de manquer à son cours, à plus forte raison une fête. Petit-Jean, soignez monsieur; viens, ma bonne amie; venez, messieurs. — *Alfred* : Ah! maudit cours! — *Petit-Jean* : Eh non! maudite paresse! — *Alfred* : Comment, faquin! — *Petit-Jean* : Pardon, monsieur! j'ai osé dire ma pensée. — *Alfred :* Viens me faire du feu. — *Petit-Jean* : Du feu au mois de juillet, quand on se porte bien. S'il était allé au cours, il serait en sueur.

Le tout : DISCOURS.

Allons, mesdemoiselles, finissez votre toilette; vite. — *Les demoiselles* : Je n'ai plus que ma ceinture à mettre. — Moi, mon collier. — Moi, mes bracelets : aidez-moi, je vous prie. — Et moi. — Et moi donc! — Tu nous arrêtes. — Dépêchez-vous toutes, dépêchez-vous. (*On entend des tambours.*)— Ah! mon Dieu! serait-ce le prince? (*On entend les cloches.*) — Ah ciel! j'entends les cloches; si c'était le prince! — Sortons. (*Elles sortent, en s'arrangeant.*) *Au même moment le maire avec son écharpe, et les gardes nationaux, et les conseillers municipaux entrent.* — Ah! mesdames, vous tardez beaucoup, *dit le maire;* on a signalé la voiture. C'est vous, mademoiselle Almédorine, qui faites le discours. — Mon Dieu! je crois que je l'ai oublié; je me suis tant pressée; je ne pouvais mettre mes bracelets. — Que signifient des bracelets? la chose importante, c'est le discours! — Je vais le relire. Dieu! qu'en ai-je fait? — *Un conseiller* : Il est cependant bien fait, je m'en flatte. — Ah! le voilà. (*Elle le relit en marmottant.*) — *Les conseillers* : Voici le prince!..... voici le prince.

(*On bat aux champs.*) — *Le maire* : Monseigneur, on m'a dit que vous n'aimiez pas les discours faits par les maires, alors j'ai chargé mademoiselle de me remplacer. — *La demoiselle* : Monseigneur... — *Sa mère* : C'est trop bas. (*Elle force la voix.*) — Monseigneur... — *La mère* : C'est trop haut. (*Elle reprend avec un ton larmoyant.*)—Monseigneur... —*Le prince* : Calmez-vous, mon enfant, et dites-moi cela comme vous l'entendrez. — *La demoiselle* : Monseigneur, dans ce jour solennel où ce pauvre pays a le bonheur de vous recevoir, nous devenons riches d'espérance, car, mon prince, notre église est trop petite, et nous n'avons pas la place d'y prier à notre aise. Notre fontaine n'a plus d'eau, parce que les canaux sont engorgés. Nos écoles sont fermées, parce que nous n'avons plus le moyen de payer nos maîtres.

Nous attendons, prince, de votre munificence : une église pour prier pour vous; une fontaine pour boire à votre santé, et une école pour nous instruire à vous aimer.

Vive monseigneur !

Le prince : Ah! mademoiselle, le beau discours; je ne l'oublierai jamais, j'accorde au pays ces trois demandes, et je vous prie, mademoiselle, d'accepter cette épingle en souvenir de moi : — *La demoiselle* : Vive monseigneur ! — *Tous* : Vive monseigneur ! — *Le prince* : Monsieur le maire, et vous, messieurs, voulez-vous me faire le plaisir de dîner avec moi ; monsieur le conseiller, vous qui avez fait le discours, je veux causer avec vous. (*Le conseiller se frotte les mains.*) — Allons ! voilà ma fortune faite. (*Tout le monde sort en criant :*) Vive monseigneur !

TROISIÈME PARTIE.

—⚬—

CHARADES.

(Le mot est une simple indication.)

ANAGRAMME.

LE PREMIER : ANA.

Un jeune homme présente un recueil d'ana, comme un livre très-spirituel; il lit des traits, et se montre si sot, qu'on pourrait ajouter sa conversation au recueil qu'il admire.

LE SECOND : GRAMME.

Une marchande vend à faux poids; on fait vérifier le café vendu, il manque plusieurs grammes au poids, et elle prétend que les grammes ne comptent pas quand on achète un kilo. Condamnation par le juge de paix, jugement et plaidoiries de justice de paix.

LE TOUT : ANAGRAMME.

Une noce. Un poëte trouve que les noms des mariés, pris ensemble, leur promettent

9

richesse et bonheur, s'ils sont généreux;
malheur et pauvreté s'ils sont avares. Ils
sont généreux.

FARDEAU : premier *Fard,* second *Dos.* —
ADMISSION : premier *Admis,* second *Scion.* —
BALLON : premier *Bal,* second *Long.* — AMI-
RAL : premier *Ami,* second *Râle.* — ARABIE :
premier *Haras,* second *Bis.* — BALANCE :
premier *Bal,* second *Anse.* — CHEVALIER : premier *Cheval,* second *Lier.* — ARGENT : pre-
mier *Art,* second *Gens.* — COLPORTEUR :
premier *Col,* second *Porteur.* — ANCHOIS : pre-
mier *An,* second *Choix.* — DÉBIT : premier
Dés, second *Bis.* — CONFIDENT : premier
Confit, second *Dent.* — DOMMAGE : premier *Don,*
second *Mage.* — CHIENDENT : premier *Chien,*
second *Dent.* — ODEUR : premier *Ode,* second
Heure. — PARTERRE : premier *Part,* second
Terre. — ORANGE : premier *Or,* second *Ange.*
— PARDON : premier *Part,* second *Don.* —
MAINTIEN : premier *Main,* second *Tient.* —
CASSEROLE : premier *Casse,* second *Rôle.* —
ADMIRATION : premier *Admis,* second *Ration.*

FIN.

TABLE.

—⚬—

Deuxième partie.

Troisième partie.

Paris, imprimerie BAILLY, DIVRY et Comp.,
rue Notre-Dame des Champs, 49.

LIBRAIRIE DE V. POULLET, ÉDITEUR

PARIS, RUE DU CHERCHE-MIDI, 7

(Carrefour de la Croix-Rouge)

LIVRES POUR LA JEUNESSE.

Magasin de l'Enfance chrétienne (le), ouvrage terminé. 4 beaux volumes grand in-8° renfermant 476 gravures inédites. Prix : 20 francs.

La collection du MAGASIN DE L'ENFANCE CHRÉTIENNE renferme : 1° *Cent cinquante-quatre Histoires* ou *Nouvelles*, dont un bon nombre ne contiennent pas moins de dix à quinze chapitres; — 2° la vie des Saints présentée d'une façon pittoresque et attrayante; 3° tous les beaux traits contenus dans l'histoire de France jusqu'à Hugues-Capet; — 4° Un Traité de civilité illustré; — 5° un Traité complet de cosmographie; — 6° un Traité d'arithmétique pittoresque; — 7° un tout petit Catéchisme adressé aux tout petits enfants; — 8° la vie entière du Sauveur écrite pour les enfants; — 9° un Traité des jeux; — 10° un Traité sur le coloris des images; — 11° un Traité des collections de papillons; — 12° un Traité des herbiers; — 13° un Traité des fleurs en papier; — 14° des Pièces et des Dialogues pour les familles et les pensionnats; — enfin des Fables, des Rébus, des Ballades, etc., etc.

Magasin de la Jeunesse chrétienne (le), ouvrage terminé et faisant suite au MAGASIN DE L'ENFANCE CHRÉTIENNE. 3 beaux volumes grand in-8° illustrés d'un grand nombre de gravures inédites. Prix : 15 francs.

LE CAPITAINE RAYMOND OU LA COLÈRE,
par M. JULES MASSÉ.

Un joli volume in-18 jésus. — 1 fr. 50.

L'immense succès de cet ouvrage nous dispense d'en faire l'éloge, les milliers d'exemplaires qui se trouvent déjà répandus en diront plus que nous ne pourrions le faire nous-même sur l'intérêt, la moralité, la grâce attachante et tous les détails spirituels que renferme cette histoire.

LE MOIS DE MARIE TOUT EN HISTOIRES,
par M. JULES MASSÉ.

Un joli volume in-18 jésus. — 2 fr.

SOMMAIRE :

1er *jour*, l'Empreinte. 2e *jour*, Jehan Gertrude. 3e *jour*, le Chapelet. 4e *jour*, la Pétition d'un Soldat. 5e *jour*, Augustine Ponchard. 6e *jour*, le Petit malade. 7e *jour*, Notre-Dame de Bonne-Délivrance. 8e *jour*, Trémintin le Pilote. 9e *jour*, Joséphine. 10e *jour*, les Trente sous parisis. 11e *jour*, Sonnet à la Sainte Vierge. 12e *jour*, l'Ave Maria. 13e jour, Séraphine Varet. 14e *jour*, Serge le Russe. 15e *jour*, Notre-Dame des Œillets. 16e *jour*, la Bonne petite Fille. 17e *jour*, les Petites Sœurs des Pauvres. 18e *jour*, la Vierge et la Flotte. 19e *jour*, Geneviève. 20e *jour*, saint André Orsini. 21e *jour*, le Scapulaire. 22e *jour*, Marius Olive. 23e *jour*, Notre-Dame du Gros-Chêne. 24e *jour*, Fuas le Cavalier. 25e *jour*, Conversions et guérisons. 26e jour, le Fils de la Fruitière. 27e *jour*, l'Aumône de la Vierge. 28e *jour*, les Étudiants. 29e *jour*, Ab-el-Kader à Lyon. 30e *jour*, au bord du Suicide. 31e *jour*, la Sœur Rosalie.

3

Rome chrétienne racontée à la Jeunesse. *Les fêtes de Noël à Rome* (Correspondance d'un Pèlerin), suivies de récits et d'anecdotes sur les fêtes de Noël à Béthléem, à Bruxelles, à Marseille et dans plusieurs autres villes du monde catholique, par M. l'abbé DUMAX, ancien sécretaire de Mgr de Ségur à Rome. Un joli vol. in-12. 1 fr. 50

Jésus offert à la Jeunesse dans les principales circonstances de son Enfance, par M. l'abbé DUMAX, avec une introduction sur ce que Jésus-Christ a pensé des Enfants, par M. l'abbé CHEVOJON, auteur de la *Perfection des jeunes Filles.* Un vol. in-12.   1 fr. 50

La guerre aux Défauts, petit Traité tout en histoires sur la *Correction des défauts,* par LE MÊME. Un volume in-12.   1 fr. 50

L'Obéissance enseignée aux Enfants, petit Traité tout en histoires sur *la Désobéissance et la Soumission, par* LE MÊME. Un vol. in-12. 1 fr. 50

Histoire de la Captivité, du Jugement et de l'Exécution de Louis XVI. Un vol. in-18. 50 c.

NOTA.

On trouve constamment dans nos Magasins un grand assortiment des meilleurs livres à l'usage de la Jeunesse.

-~vvvvvv~-

Paris, Imprimerie BAILLY, DIVRY et Comp., rue Notre-Dame des Champs, 49.

A la même Librairie :

DE L'ÉDUCATION

DISCOURS

PRONONCÉS AUX DISTRIBUTIONS DES PRIX

DU COLLÈGE D'OULLINS

Par M. l'abbé DAUPHIN

Directeur-Fondateur de cet établissement
DOYEN DE SAINTE-GENEVIÈVE

Un beau vol. in-18 anglais. — Prix : 3 fr. 50 c.

Imp. Bailly, Divry et Cie, r. N.-D.-des-Champs, 49.

www.ingramcontent.com/pod-product-compliance
Lightning Source LLC
Chambersburg PA
CBHW050003100426
42739CB00011B/2493